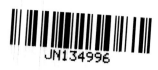

すぐに▼役立つ

◆改正対応◆

著作権・コンテンツビジネスの法律とトラブル解決マニュアル

弁護士《べんごし》 森　公任／弁護士 森元みのり 監修

三修社

本書に関するお問い合わせについて

本書の内容に関するお問い合わせは、お手数ですが、小社あてに郵便・ファックス・メールでお願いします。お電話でのお問い合わせはお受けしておりません。内容によっては、ご質問をお受けしてから回答をご送付するまでに1週間から2週間程度を要する場合があります。

なお、個別の案件についてのご相談や監修者紹介の可否については回答をさせていただくことができません。あらかじめご了承ください。

はじめに

絵画や音楽、映画、小説などの芸術作品は、人に感動を与えるとともに、多大な経済的利益をもたらします。一方で、他人の作品を盗作するなど、侵害の危機にさらされる可能性も否定できません。そこで、知的創造物である著作物を守るために認められているのが「著作権」であり、著作権を保護するために定められた法律が「著作権法」です。

著作権法上の著作物には、小説、音楽、舞踊、美術、建築、図画、映画、演劇、コンピュータプログラムなどがあります。著作権は著作物の創作者の権利ですが、それを実演し、社会一般に普及させる、実演家、レコード製作者、放送事業者、有線放送事業者の保護も重要であり、彼らを保護する権利は著作隣接権と呼ばれています。

本書は、「暮らし」や「ビジネス」の上で生じるさまざまな著作権をめぐる問題について、図解やQ&Aを用いてわかりやすく解説した入門書です。著作権の帰属や管理、契約書の作成、著作権侵害などの法律知識の他、JASRACなどの団体やCCライセンスのしくみなどについても網羅的にまとめています。とくに、ブログやホームページはもちろん、急速な発達を遂げたツイッターをはじめとするSNSや、多くの人が利用する“YouTube”などの動画サイトと著作権侵害の問題についても、積極的に取り上げています。また、コンピュータの情報解析に必要な範囲で、著作権者の許諾なく著作物の利用が可能になるともともに、ICT教育に対応した補償金の支払いのしくみが整備されるなど、2019年1月から施行される著作権法改正にも対応しています。さらに、著作権の保護期間が70年に延長されるなど、著作権法に重大な影響を与える、TPP11の発効に関しても配慮した説明を行っています。

本書をご活用いただくことで、「著作権」についての理解を深めていただき、問題解決のお役に立つことができれば、幸いです。

監修者　弁護士　森公任　弁護士　森元みのり

Contents

第2章 著作物の判断基準

第７章　著作権の制限と著作権侵害

第 1 章

著作権の全体像

1 著作権法の全体像を知っておこう

文化的な創作活動の保護を目的としている

◉ 著作権法は文化的な創作活動の発展を目的とする

著作権法は知的財産法の一環をなし、知的財産である著作物を著作権の対象として保護しています。ここでは著作権法の全体像を眺めておくことにします。

社会の活力ある発展のために、人による各種の創作活動を保護している一連の法律を**知的財産法**といいます。知的財産法の中でも、とくに創作活動による産業の発達のために知的財産を保護しているのが、**産業財産権**（工業所有権）という制度です。産業財産権は特許法、実用新案法、意匠法、商標法により保護されています。

これに対して、産業の発展ではなく、創作活動による文化の発展のために制定されたのが著作権法です。さまざまな点で産業財産権と対比すると、著作権法の特徴をよく理解することができます。

もっとも、最近ではコンピュータプログラムの保護をめぐって、このような区分けは明確でなくなりつつあります。コンピュータプログラムは、技術的色彩が強いため、工業分野の知的財産（特許権や実用新案権などの対象となるもの）としての性質をもちますが、著作権法においても「プログラムの著作物」として保護されています。時代の変化に伴い、著作権法も変わってきています。

◉ 著作権法の保護の対象

著作権法の全体像を概観してみましょう。全体像をイメージすることによって、著作権に対する理解が徐々に深まると思います。

①　**何を保護の対象としているのか**

知的財産法は、各法律で異なる知的財産を保護の対象としています。著作権法では「著作物」が保護の対象となっています。著作物とは「思想または感情を創作的に表現したものであって、文芸、学術、美術または音楽の範囲に属するもの」です。

② 誰が保護の対象となっているのか

著作権法では、著作物を創作した著作者だけでなく、著作物を演じる実演家（139ページ）なども保護の対象としています。

③ 権利の内容は

著作権の権利の内容は２つに分けられます。その１つは著作財産権といい、もう１つは著作者人格権といいます。著作財産権は一種の財産権ですが、著作財産権は人格権であるため、両者の性質には異なる点も見られます。

なお、主に著作者を対象とする著作権の他に、実演家などを対象とする著作隣接権という権利も認めて保護しています。

④ どの時点で権利が発生するのか

著作権という権利が発生するのは「著作物が創作された時」とされ

■ 産業財産権と著作権の違い

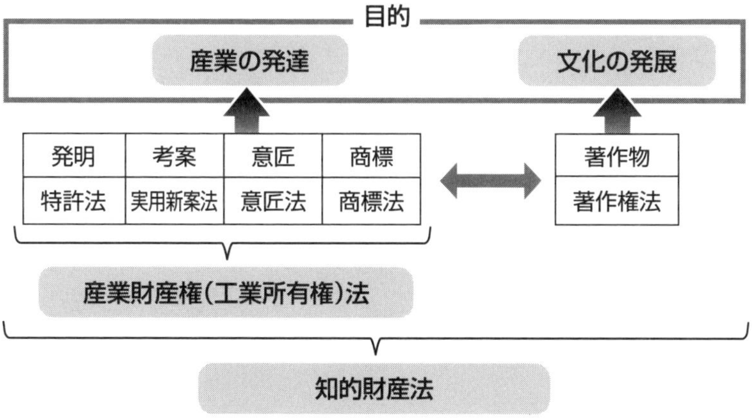

ています。産業財産権は登録によって権利が発生しますが、著作権はこの点が大きく異なっています。著作権のように、登録などの方式を不要とするものを「無方式主義」といいます。

⑤　どの程度保護されるのか

著作権法は著作物を保護していますが、過保護はかえって社会における文化的な創作活動の邪魔になります。文化というのは、それまでの時代の成果を受け継ぎながら発展していくものだからです。

そのため、著作権が発生したといっても、無制限に保護しているわけではありません。保護期間の限定、権利行使の制限などが著作権法に定められています。

⑥　権利の活用と侵害

著作権は、土地の所有権と同じように、対価を得て他人に譲渡すること（著作者人格権は譲渡できません）の他、著作物の使用を許諾してライセンス料を受け取ることもできます。これらは著作権の経済的な活用方法です。

また、著作権は著作物を排他的かつ独占的に利用できる権利であることから、著作者の承諾なく著作物を利用している者に対して、差止請求や損害賠償請求をすることを認めています。

■ 著作権とは誰のどんな権利を保護するのか

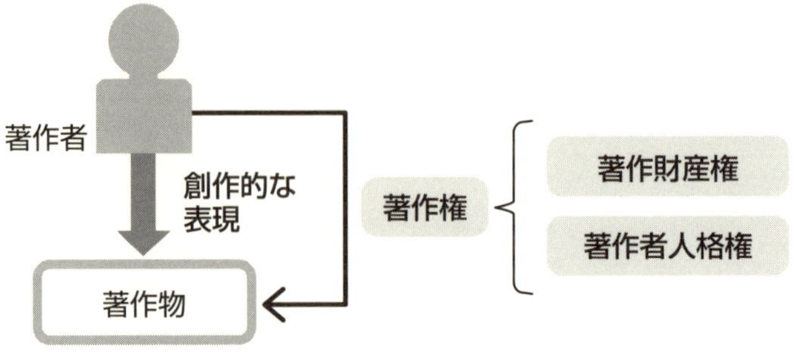

2 著作物とはどんなものなのか

すべての表現が著作物に該当するわけではない

◉ 著作物は知的財産である

著作権については、著作権侵害が話題にされることが多いのではないでしょうか。著名な映画監督の作品をテレビドラマでそのまま利用したのではないか、海外の画家の作品を盗作したのではないか、などという話題がよくニュースで取り上げられています。

インターネットに加えて、最近ではモバイル機器（スマートフォンなど）の普及に伴い、ごく普通の個人でも、ホームページ、ブログ、SNSを開設することにより、さまざまな表現を全世界に発信することが可能になりました。ただ、そこでの表現に、すでに発表されている他人の表現の全部または一部が使われていると、著作権侵害の問題が発生することになります。こうなると著作権侵害の問題は、いつ誰にでも発生し得る問題であるということができます。

著作権は、著作物に対して与えられた権利です。著作物は知的財産

■ インターネットの普及と著作権侵害

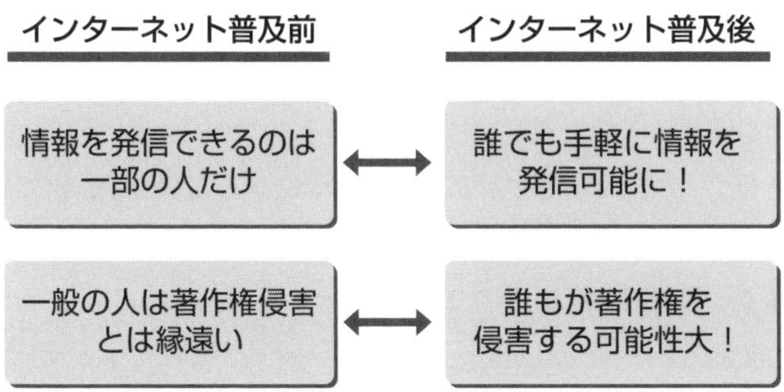

の一種であり、その財産的な価値が認められているからこそ、権利として法的な保護が与えられるのです。逆にいえば、財産的な価値があるからこそ、上に挙げたような問題も生じるのです。では、著作物というのは、一体どのようなものなのでしょうか。

◉ 著作物はどう定義づけられるのか

正確に定義すると、**著作物**とは、「思想または感情を創作的に表現したものであって、文芸、学術、美術または音楽の範囲に属するもの」とされています。ずいぶん長い定義なので、ここでは分解してわかりやすく説明していくことにします。

① 「思想または感情」であること

「思想または感情」とは、人が考えたり感じたりすることによって得られるものです。したがって、プロ野球選手の毎シーズンの打撃成績の推移や、○月○日の株価終値の一覧表などは、人が考え出したり、感じることによって生み出されたものではないので、「思想または感情」には該当せず、著作物とはなりません。

また、プロ野球選手の打撃成績や株価終値というのは、表現に創作性が認められないのが通常ですから、創作性（下記③参照）がないという理由で著作物とならないと考えることもできます。

② 「表現したもの」であること

「表現したもの」というためには、創作した人が、外部に向かって表現したものでなければなりません。いかに思想や感情によるものであったり、創作的なものであっても、その人が外部に表さなければ、著作物とはならないのです。内心に留めているだけでは著作物にはなりません。

③ 表現が「創作的」なものであること

「創作的」というためには、その人の個性が表れたものでなければなりません。さらに、アイデアの独創性と表現の創作性は区別されますので、アイデア自体ではなく、表現（外部に表れたもの）に創作性があることが必要です。

④ 「文芸、学術、美術または音楽の範囲に属するもの」であること

ここに列挙されていない「技術的」なものや「実用的」なものは、著作物とはなりません。これらに該当するものは、特許、実用新案、意匠（物品のデザインのこと）として保護されることがあります。

◉ 二次的著作物とは

すでに完成されている元の著作物（原著作物といいます）に別の創作性を加えたものを**二次的著作物**といい、原著作物とは別個独立したものとして保護されます。たとえば、海外の本を翻訳したものや、音楽を編曲したものが二次的著作物にあたります。二次的著作物となるためには、原著作物の本質を変えない範囲で、かつ、新しく創作性が加わっていることが必要です。

◉ 著作権とは

著作権とは、著作物に関して与えられた権利ですが、「広義の著作権」と「狭義の著作権」があります。これらの具体的な内容については、後述しますので注意しておいてください（次ページ）。

■ 著作物の定義

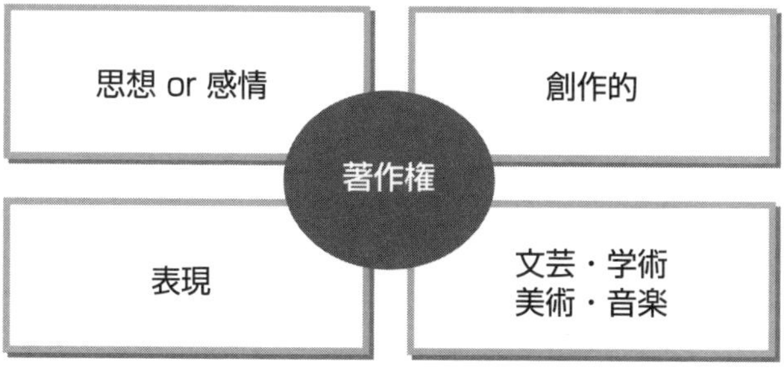

3 著作権にもさまざまな意味合いがある

財産権的な面と人格権的な面を併せもつ

◉ 著作権には広義と狭義の概念がある

著作権法で定めている著作権は、「広義の著作権」と「狭義の著作権」という複数の概念から成り立っています。そして、広義の著作権は、狭義の著作権（著作財産権）と「著作者人格権」から成り立っています。つまり、「広義の著作権＝狭義の著作権＋著作者人格権」というわけです（次ページ図）。

◉ 著作者人格権は狭義の著作権とどう違うのか

狭義の著作権と著作者人格権とは、どのような違いがあるのでしょうか。

狭義の著作権は、著作財産権ともいわれる権利で、財産権としての側面を有しています。つまり、著作物を排他的・独占的に利用することができる権利が狭義の著作権というわけです。

そのため、狭義の著作権については、他人に譲渡することや、他人に使用させてライセンス料を徴収することができます。また、狭義の著作権は相続の対象になり、原則として著作者の死後50年間（TPP11発効後は70年間）は権利が存続します（82ページ）。

これに対して、**著作者人格権**は、広義の著作権のうち、著作者の人格的利益を保護するという人格権としての側面を有しています。人格的利益というと少し聞き慣れない言葉ですが、その人の「人としての固有の利益」を意味しています。

著作者人格権は著作者に固有の利益を保護しているため、狭義の著作権のように、他人に譲渡することはできません。また、著作者が死亡すると著作者人格権が消滅するので、相続人が相続することもできません。ただし、著作者の死亡後であっても、一定の範囲で著作者の人格的利益が保護されます。つまり、著作者の死亡後も、著作者が生存しているとすれば著作者人格権の侵害となるような行為をすることは禁じられています。

◉ 著作者人格権の具体的内容は何なのか

狭義の著作権や物の所有権などと違って、少しイメージを抱きにくい著作者人格権ですが、著作権法では、著作者人格権の具体的な内容として「公表権」「氏名表示権」「同一性保持権」の３つを定めています。したがって、これら３つの権利が著作者人格権である、ということができるのです。

①　公表権とは

著作物は人の思想や感情により創作され、表現されたものですが、これをいつ公表する（公にする）のかは、著作者自身の判断にゆだねられるべき問題です。このように、公表するかどうかを決定する権利

■ 著作権の概念 ……………………………………………………

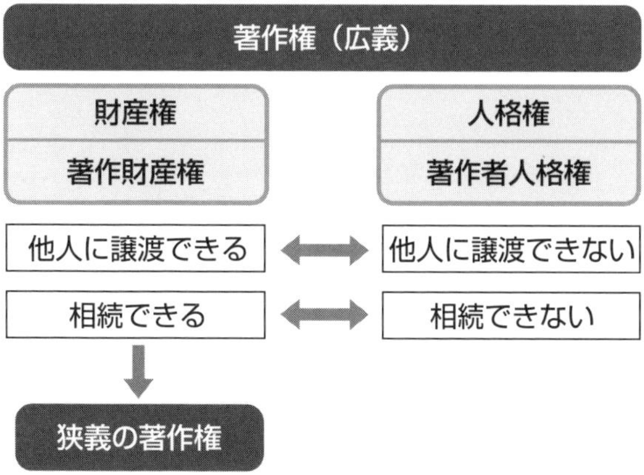

を著作者に認めたのが**公表権**です。

公表権は、著作物をいつ公表するかということだけではなく、どのような形で公表するのかということも含んでいます。ただし、狭義の著作権の譲渡後は公表権を主張できなくなるとされています（次ページ）。

② 氏名表示権とは

小説の著者はよくペンネームを使用します。また、画家が絵画を描くと、よくその下の部分にサインがなされています。このように、著作物に著作者の氏名を表示するかどうか、表示するとしてどのように表示するのか（どのような名称を用いるかなど）ということも、著作者の判断にゆだねられるべき問題であり、これも著作者人格権の内容となっています。この権利は**氏名表示権**と呼ばれています。

③ 同一性保持権とは

よく芸術家や小説家は、創り上げた作品を自己の分身のようにたとえます。たしかに、著作物というのは、著作者が自らの思想や感情による創作活動から生み出したものであり、著作者の人格の分身であるといっても過言ではないでしょう。

そのような著作物の性質に照らし、著作者には、自分の意に反して著作物を勝手に改変（変更や切除など）されない権利、つまり著作物の同一性を保持する権利が与えられています。これを**同一性保持権**といいます。

たとえば、漫画家の描いた漫画を、本人の承諾を得ずに出版社が勝手に編集し、コマをカットするなどして雑誌に掲載する行為は、漫画家がもっている同一性保持権の侵害となります。

相談 未公表の著作物と公表権の主張

Case 人に預けていた未公開の原稿が無断で公開されてしまった場合、もはや公表権を主張することはできないのでしょうか。

回答 著作物の作者である著作者には、狭義の著作権とは別に著作者人格権があります。原稿を公表するかどうかを決定する権利である公表権も著作者人格権に含まれます。公表権はその性質上、原則として一般に公表された著作物については主張することができません。

しかし、本人に無断で公表されてしまった著作物について、すでに公表されてしまったから主張できないことになってしまうと、著作者の人格的利益を保護することはできません。

こうした事情から、公表された著作物については原則として公表権を主張できないとしつつも、著作者の同意を得ないで公表されてしまった著作物については、依然として著作者は公表権を主張できるとされています。

なお、未公表の著作物を預けたのではなく、狭義の著作権を譲渡していた場合には、譲り受けた著作権者はいつでも公表することができます。著作者人格権は著作者が著作権者ではなくなっても著作者自身に残るのが原則ですが、公表権については、狭義の著作権を譲渡した段階で、著作者は公表権を主張できなくなるのです。

相談 ゴーストライターと著作人格権

Case タレントの本をゴーストライターが書き上げた場合、その本の著作権は誰に帰属するのでしょうか。

回答 本の著作権は、原則として本を書いた人に帰属します。ただ、実際には、本を執筆する際に取り交わす契約の内容によって、著作権（狭義の著作権）の帰属は変わることがあります。

とくにゴーストライターがタレント本人に代わって原稿を執筆する場合には、後々トラブルが起きることがないように、著作権をタレント本人（あるいはタレントの所属する事務所）に帰属させるか、または出版社に帰属させることにしている場合がほとんどです。

したがって、タレントの本をゴーストライターが書き上げた場合であっても、タレント本人や出版社などに著作権を帰属させることが契約で決められていた場合は、契約に定められた内容どおりに、タレント本人や出版社などに著作権が帰属します。これに対し、契約でゴーストライターに著作権が帰属するとの取り決めがなされていた場合や、誰に著作権が帰属するかを決めていなかった場合は、著作権がゴーストライターに帰属します。

なお、著作者人格権は著作者自身以外に帰属させることはできないので、契約の有無を問わず、ゴーストライターに帰属します。ただし、「著作者人格権を行使しない」と契約で取り決めていた場合、ゴーストライターは著作者人格権を行使できなくなります（110ページ）。

4 著作権には財産権的な意味合いがある

狭義の著作権の中心としては複製権がある

◉ 狭義の著作権は財産権を意味する

狭義の著作権とは、著作物を排他的・独占的に利用することができる権利であり、著作権のうち財産権的な意味合いを有しています。単に「著作権」と呼ぶときは、狭義の著作権を指すことが多いようです(本書も狭義の著作権の意味で「著作権」を用いることがあります)。

ただ、特許権をはじめとする産業財産権と比べると、著作権は、音楽、小説、詩歌、学術論文、コンピュータプログラムなど、多種多様にわたる著作物を保護の対象としています。そのため、狭義の著作権については、著作物の種類やその利用形態などに応じて、著作権法がさまざまな内容の権利を規定しています。

ここでは、具体的にどのような内容の権利によって、狭義の著作権が構成されているのかについて述べていきます。

◉ 複製権は著作権の中核である

著作物を排他的・独占的に利用することができるのが著作権（狭義の著作権）ですが、そのような性質をもつ著作権の中核的な権利が複製権です。複製権とは、著作物を「印刷、写真、複写、録音、録画その他の方法により有形的に再製」する権利です。

とくに小説や音楽などは書籍化・CD化し、大量に販売して利益が得られるものです（複製物の販売は譲渡権の対象です、26ページ）。ただ、著作者は自分自身で書籍化・CD化することは少なく、著作権者から許諾を受けた出版会社やレコード会社が著作物の複製と複製物の販売を行い、そこから著作権者が利益を得ています。それだけに、複製権は著作権において重要な要素となっているのです。

なお、複製というと「絵をコピー機そのまま写しとる」ような行為が典型例ですが、ここでの「複製」には、それ以外に部分的複製や一部修正による複製も含まれる点に注意してください。たとえば、他人の劇画の１コマを印刷して販売する行為や、音楽の一部を変えてCD化して販売する行為は、いずれも複製権侵害の問題が生じます。

◉ その他の著作権

複製権以外の著作権として、次のような権利があります。著作権の中には、口述権、展示権、頒布権のように、特定の著作物を保護の対象とする権利もあります。

①　上演・演奏権

演劇や音楽は、実際に生の演技・演奏を見せたり聞かせたりすることで、著作物としての本領が発揮されるものです。そこで、演劇や音楽などを公に（不特定または多数人を相手に）上演・演奏をする権利が著作権の内容として認められています。これを「上演権」「演奏権」といいます。

②　上映権

上映権とは、映像の形式になっている著作物を公に上映をする権利のことです。ここで「上映」とは、著作物を再生してスクリーンやモニタなどに映写することを指します。

伝統的に見て、上映権は映画を劇場で公開する権利として扱われてきました。とくに著名な映画の上映権は大変な価値があり、上映権は多額の対価で取引されるものだからです。ただ、映画に限らず、著作物全般が上映権による保護の対象とされています。

③　公衆送信権等

通信技術の発達した現在では、さまざまな通信手段を駆使して、著作者は自分の著作物を世の中に知らしめることができます。著作権法はこのような行為も、著作権の内容として保護しています。

具体的には、ⓐ著作物について公衆送信（自動公衆送信の場合には送信可能化を含みます）を行う権利（公衆送信権）、ⓑ公衆送信される著作物を受信装置を用いて公に伝達する権利（伝達権）が認められており、これらをまとめて「公衆送信権等」といいます。

公衆送信とは、著作物が公衆により直接受信されることを目的として、無線通信や有線電気通信の送信を行うことです。テレビやラジオでの著作物の送信が典型例です。

④　口述権

俳優や声優が有名な小説などをホールで朗読し、聴衆に聞かせる企画をよく見かけます。優れた演技力や感性を駆使した朗読は、聴衆を魅了します。このように、公に対して言語の著作物を口述して聞かせることができる権利を「口述権」といいます。口述権には、すでに口述されたものを収録して、それを再生する場合も含みます。

⑤　展示権

絵画や彫刻については、現物を展示し、多くの人に鑑賞してもらうことが、世に知らしめる手段として最適です。絵画や彫刻の著作物の原作品を公に展示することができる権利を「展示権」といいます。

展示権については、原作品の所有権が移転したときには、それに伴って著作者が展示を許諾したものと推定されます。

■ 狭義の著作権

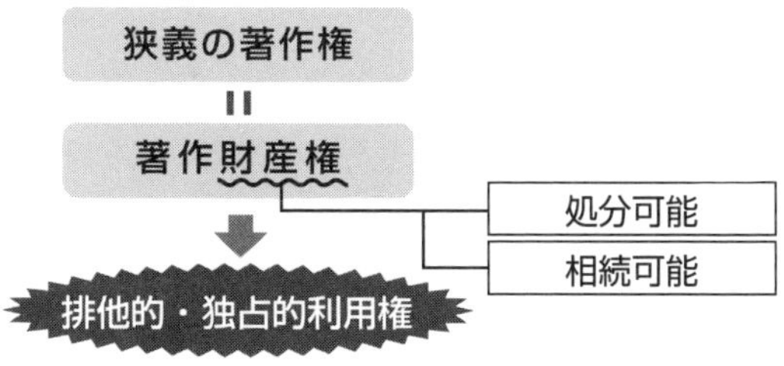

⑥　頒布権

近年、レンタルDVDなどの普及により、家庭で気軽に映画を楽しめるようになりました。このような映画のレンタルは、著作権の内容としては、「頒布権」の問題となります。頒布権とは、映画の著作物をその複製物により公衆に譲渡または貸与（レンタル）することができる権利です。もともと頒布権は、映画製作者の映画館に対する配給を保護するために設けられました。しかし、現在ではDVDソフトのレンタル業者に使用料を要求するための根拠となっています。

⑦　譲渡権・貸与権

譲渡権とは、著作物の原作品や複製物を譲渡することで、それを公衆に対して提供することができる権利です。貸与権とは、著作権者が著作物の複製物を公衆に貸与することができる権利です。譲渡権・貸与権は、映画の著作物以外の著作物に認められます。

⑧　翻訳権・翻案権等

すぐれた著作物であればあるほど、別の表現に形を変えて、広く世の中に紹介されるものです。そのため、著作者には、著作物に新しい創作を加えて、新しい著作物を創り出す権利である「翻訳権・翻案権等」が認められています。

具体的には、ⓐ翻訳権（別の言語に翻訳する権利）、ⓑ編曲権（原曲に創作を加えて新たな曲を制作する権利）、ⓒ変形権（表現方式を変形して新しく表現する権利）、ⓓ翻案権（原作である小説を映画化する場合など）のことです。ここで「翻案」とは、原著作物の基本的構成の同一性を維持しつつ、具体的な表現に修正・増減・変更などを加えて、新たに思想や感情を創作的に表現する行為とされています。

なお、原著作物の翻訳・編曲・変形・翻案により創り出された新しい著作物（二次的著作物）の利用権は、その著作者と原著作者の双方にあります。

相談 複製権の侵害にあたるか

Case 著作権者に断りなしに、自分が所有する絵画の展覧会を行うことはできるのでしょうか。

回答 乗馬クラブのオーナーから、「自分が収集した、馬をテーマにした絵画30点による展覧会をクラブハウスで開きたいと考えている。しかし、作者の中には連絡の取れない人が何人かいるが、これら著作者に断りなしに展覧会を開くことはできるだろうか」という相談を受けた場合、これは法的に問題ないと答えられるでしょうか。

たしかに、絵画などの美術の著作物を展示するには、その著作権者の許諾が必要とされています。しかし、著作物の所有者であれば、著作権者の許諾を受けることなく、自分が所有する著作物を自由に展示する権利が認められています。所有者の所有権を尊重するための規定といえるでしょう。したがって、このケースの場合、オーナーが絵画の所有者ですから、クラブハウスで絵画展を開くのに画家（著作権者）の許諾をもらう必要はないということになります。

ただし、展覧会の案内状に展示作品を印刷することまでが、認められているわけではありません。著作権者に無断で絵画を印刷すれば、複製権を侵害することになってしまうので注意が必要です。

相談 複製権や譲渡権の侵害にあたるか

Case 美術品の所有者は、自分が持っている適法に入手した美術品につき、第三者が複製して販売することを許諾できるのでしょうか。

回答 美術品などの著作物について、所有権と著作権は別々に成立しています。美術品の所有権を有する者は、その美術品を他人に譲渡

（売却）したり貸与することが可能です。所有権者には所有する物に対する全面的な支配権が認められているからです。

一方、美術品の著作権者は、その美術品の著作権を有しています。著作権には複製権の他に譲渡権があります。著作権法上の譲渡権は、著作物の原作品や複製物を譲渡することで公衆に提供できる権利です。ただ、本ケースの所有者は適法に著作物を入手しているため、著作権者の譲渡権は消滅しています（譲渡権の消尽、101ページ）。

そうであっても、複製品を販売する前提として、原作品を複製すること自体が著作権者の複製権を侵害しています。そのため、美術品の所有者が著作権者でない場合、所有者は第三者に美術品の複製を許諾できません（美術品の著作権者から許諾を得ることが必要です）。

一方、美術品の所有者が著作権者でもある場合は、自ら第三者に美術品の複製を許諾できます。

なお、美術品の所有者が美術館（著作物を公に展示する者）であれば、展示する美術品の解説や紹介のため、著作権者の許諾を得ずに、カタログなどに美術品を掲載することが可能です。さらに、2018年の著作権法改正で、カタログ掲載の他に、展示する美術品の上映や自動公衆送信（インターネット上での閲覧など）も可能になりました。

相談　貸与権の侵害にあたるか

Case　漫画喫茶が著作権者に対価を支払わずに漫画を閲覧させることは、著作権法では何の問題にもならないのでしょうか。

回答　2018年７月現在、漫画喫茶は漫画を店内で閲覧させるだけで、貸本業ではないとされているので、著作権（貸与権）の侵害はないといえますが、今後の法改正で規制の対象となる可能性はあります。

貸与権は、著作物の複製物（市販の本、CD、DVDは複製物です）

を公衆に貸与する権利です。著作権者の許諾を得ずに著作物の複製物を公衆に貸与できません。かつては映画の著作物だけを対象とする頒布権がありましたが、貸しレコード問題を契機にして、1984年に映画以外の著作物の貸与権を認めました。

ただ、古くからある貸本業者を救済するため、書籍・雑誌には当分の間適用除外とする経過措置が設けられました。しかし、この措置も2005年に廃止されていますから、貸本業者も本を貸すためには、著作者から許諾を得て貸与使用料を支払わなければなりません。

現在のところ、漫画喫茶の場合、漫画・コミックは単なる展示物として店内に置かれているとの解釈がなされ、貸与権の対象から除外されているため、著作権法に抵触することはないというわけです。

相談　リンクを貼る行為と複製権や公衆送信権の侵害

Case　サイト（Webサイト）にリンクを貼る（リンクを設ける）行為が著作権侵害になるのはどんな場合でしょうか。

回答　リンクには自サイト内の別のページに移動するために設けられているリンクと、外部のサイトに移動するために設けられているリンクがあります。このうち、自分のWebサイト内のページに移動するためのリンクについては、著作権の問題は生じません。また、自サイトに他人が管理するサイトへのリンクを貼ったとしても、原則として著作権侵害の問題は生じません。リンクは、閲覧者がリンク先に移動するための入り口にすぎず、その移動先が他人の管理するサイトであったとしても、その他人が管理するサイトの内容について、複製や公衆送信をしているわけではないからです。裁判例においても、自サイトにリンクを貼る行為自体は、リンク先のサイトに掲載されているコンテンツの複製や公衆送信にはあたらないと判断しています。

しかし、そのリンクが外部のサイトへのリンクだとはわからないように設置されているような場合は別です。自分が見ているＡサイト内へのリンクだと思って閲覧者がリンクボタンをクリックしたところ、表示された内容が他人が管理しているＢサイトの内容であったような場合です。この場合、閲覧者は、表示された内容もＡサイト内のものだと思っていますから問題となります。この場合は、リンク先のＢサイトの著作権者の複製権や公衆送信権を侵害していると判断されます。

相談　外国の小説のブログ掲載と翻訳権や公衆送信権の侵害

Case　日本語に訳されていないアメリカの人気小説を日本語に訳し、これをブログに掲載した場合、著作権侵害となるのでしょうか。

回答　日本もアメリカもベルヌ条約（44ページ）に加盟していますから、アメリカの小説は日本国内で公表された小説と同等の保護を受けます。したがって、そのアメリカの小説の著作権者は、日本の小説の著作権者と同じように、著作権を有しています。

アメリカの小説の著作権者の許可を得ないで、その小説を日本語に翻訳して、これをブログに掲載した場合、著作権者が有している翻訳権と公衆送信権を侵害することになります。翻訳権とは、ある言語で表現されている著作物を別の言語に翻訳する権利で、たとえば英語で書かれた小説を日本語に翻訳するには、翻訳権を有している著作権者の許諾を得る必要があります。また、公衆送信権とは、著作権者以外の者が、公衆が著作物を直接受信できるように無線通信や有線電気通信を送信することを制限するもので、著作権者の許諾を得ずに著作物をインターネット上に公開すると公衆送信権の侵害となります。

このように、無断で翻訳をした内容をブログに掲載すると、著作権侵害（翻訳権と公衆送信権の侵害）となります。

相談　他人のツイートを盗むとどうなる

Case　Twitterで、他人が行ったツイートをそのまま、自分のツイートとして掲載しました。何か著作権法上の問題が生じるでしょうか。

回答　Twitter（ツイッター）とは、原則280文字以内（日本語は140文字以内）で自由に、任意の文字をつぶやく（ツイート）ことができるWebサービスです。短歌や俳句が著作物になるのと同じく、短い文章であっても著作物にあたる可能性はありますので、他人のツイートをそのまま、自身のツイートとして掲載することは、複製権の侵害などにあたる可能性があります。

もっとも、Twitterには「リツイート」と呼ばれる機能があり、他人のツイートを引用する形式で自己のアカウントから送信することで、その他人のツイートを自己のフォロワーなどと共有することができます。リツイートの場合は、他人のツイートであることが明確に表示されますので、リツイートの機能を用いた他人のツイートの掲載は、著作権法上の問題が生じないと考えられています。

相談　美術品の著作権者の許諾の可否

Case　著名な芸術家が製作したオブジェを買ったので、自社の正門と玄関の間に展示するつもりですが、著作権者の許諾を得る必要はあるのでしょうか。

回答　芸術家が製作したオブジェは美術の著作物に該当しますから、原則として著作権者に無断で利用することはできません。ただし、美術の著作物の所有者は、著作権者の許諾がなくても、所有権に基づいて美術の著作物を展示できます。

しかし、美術の著作物の所有者が自由に著作物を展示できない場合があります。それは、美術の著作物の原作品を、街路や公園など一般公衆に開放されている屋外に設置する場合や、建造物の外壁など一般公衆の見やすい屋外の場所に恒常的に設置する場合です。

したがって、自社の正門と玄関の間というのが、通行人からよく見える場所であるときや、一般の人が自由に出入りできる場所であるときは、著作権者の許諾を得なければなりません。一方、会社の建物が大きな塀などで囲まれていて、一般の人が自由に出入りできる場所ではなく、実際に正門と玄関の間に置いたとしても、会社内からしか見えない場合には、著作権者の許諾を得る必要はないでしょう。

なお、美術の著作物の他に、写真の著作物も同じように取り扱われるため、写真を展示する際も、上記の規制に従うことが必要です。

相談　本の読み聞かせと著作権侵害の可否

Case　近所の子供のために「読み聞かせ」の読書会を行う予定ですが、著作権を侵害せずに行うにはどうすればよいでしょうか。

回答　読み聞かせは、著作権法上の「口述」にあたります。口述とは、朗読などの方法によって著作物を口頭で伝達することです。その場で口述が行われる（ライブである）必要性はなく、本の朗読を収録したものを後から聞かせる行為も口述に含まれます。なお、口頭による伝達であっても、演劇や映画のような形態である場合は「上映」に該当し、口述には含まれないことに注意が必要です。

読み聞かせに用いる本の著作権者は、本を口述することを許諾する権利（口述権）を持っているので、著作権者の許諾を得れば、著作権を侵害せずに読み聞かせを行うことができます。著作権が消滅している本を読み聞かせに使う場合も、著作権の侵害にあたりません。

さらに、著作権者の許諾を得なくても、営利目的とせずに公表された著作物を口述する場合で、かつ、口述を行う者に報酬を支払わないときは著作権を侵害しません。なぜならば、営利を目的としない方法で行われる口述は、比較的小規模なものになることが予想され、著作権者の権利を侵害する程度が軽微であると予想されるからです。

そして、ここでの「営利目的」とは、口述することで利益を得る直接的な場合だけでなく、口述によって店舗の売上げが上がることを目的として行われる間接的な場合も含まれます。つまり、読み聞かせ行為が無料であることが、当然に営利目的がないことに結びつくわけではありません。そのため、読み聞かせ行為自体は無料であっても、それにより店舗の集客を図り、何らかの形で店舗の売上げに結びつく可能性が否定できない限りにおいては、営利目的がないとは判断できないことになります。

また、営利目的がないときであっても、読み聞かせ（口述）を行う人に対価が支払われている場合は、その名目を問わず、すべて「報酬」にあたると判断されます。したがって、著作権者の許諾がないにもかかわらず、報酬を支払って読み聞かせをさせることは、著作権の侵害（口述権の侵害）にあたります。

たとえば、チャリティーの名目で本の読み聞かせを行う場合が挙げられます。この場合、読み聞かせを行う人が、支払われる対価を日本赤十字社や各種の慈善団体などに対して全額寄付することが、あらかじめ想定されていいます。しかし、読み聞かせ行為に対して対価が支払われている以上、その対価を取得した人がどのような使途に用いるのかについては問われず、著作権侵害の有無を判断する上では、読み聞かせを行う人に対する対価の支払いは、すべて「報酬」にあたると判断されるということです。

5 コンテンツビジネスをする上で注意することは何か

ビジネスとして利用する場合には権利者の許諾を得ることが大切

◉ 特許にも著作物にもなるコンテンツは強力である

デジタルコンテンツとは、デジタル情報によって構成されている表現物を意味します。CDやDVDに収録された映像、音楽、ゲーム、写真などがデジタルコンテンツの代表例です。最近では、インターネット上で提供される映像、音楽、本（電子書籍）、ゲームなどが広く普及してきています。

デジタルコンテンツは、紙・カセット・ビデオテープなどと比べると、複製や改変が容易で、何回複製しても劣化しません。また、大量のデジタル情報の送受信・蓄積が可能で、双方向性もあります。

◉ デジタルコンテンツにはどんな知的財産権が発生するか

デジタルコンテンツ（以下「コンテンツ」といいます）にも、著作権法、特許法、商標法に基づいた知的財産権が認められます。

① **著作権**

コンテンツが、人の思想・感情を創作的に表現した創作として著作権法上の著作物に該当すれば、「著作権」が認められます。

② **特許権**

コンテンツが、新たな発明（高度な技術的思想の創作）であり、特許法で定める登録を受けていれば、「特許権」が認められます。

③ **商標権**

コンテンツが、商品またはサービスに使用する標章である場合で、商標法で定める登録を受けていれば、「商標権」が認められます。

◉ デジタルコンテンツに知的財産権が発生する場合

知的財産権は、著作物、発明、商標を権利者が排他的・独占的に利用することができる権利です。したがって、コンテンツに著作権、特許権、商標権が認められる場合には、権利者以外の者がそのコンテンツを権利者に無断で利用すると、その効果として権利者には差止請求権や損害賠償請求権が発生します。

また、うっかり無断で利用してしまったのではなく、意図的に無断で利用した場合には、その利用者に刑事罰も発生してしまいます。

このように知的財産権は強力な効力を持っています。コンテンツは、著作権、特許権、商標権のいずれの対象にもなり得るので、コンテンツを利用する側は、これらの権利の有無を確認しておく必要があります。逆にいえば、コンテンツに著作権などがあっても、権利者の許諾を得れば、誰でもそれを有効に利用できるのです。

◉ まずは権利者を確定する必要がある

経済的な価値の高いコンテンツであればあるほど、何らかの知的財産に該当する可能性が高いといえます。コンテンツが何らかの知的財産に該当する場合、そのコンテンツを利用したい者は、権利者から許諾を得なければなりません。権利者から許諾を得るためには、当然のことながら、権利者が誰であるのかを確定する必要があります。

特許や商標の場合には、権利者の確定は比較的簡単です。これらの権利は登録しないと権利が発生しないため、特許庁に特許権者・商標権者として登録されているからです。

これに対して、著作物の場合には、登録しなくても権利が発生するため、登録されていないことが多く、特定が困難です。とくに1つの著作物について、出版社、映画会社、放送事業者といった配信元が複雑に絡んでいる場合は注意を要します。また、複数の人に著作権が帰属しているケースや、著作権以外に著作隣接権（138ページ）が発生しているケースもあります。そのような場合は、権利者をすべて特定した上で、全員の許諾を得ておかなければなりません。

順序としては、最初に比較的明らかな著作権者や配信元からあたるなどして、確実に権利者を押さえていくべきでしょう。

◉ コンテンツビジネスの特徴

コンテンツビジネスの特徴としては、権利防衛と利便性とのバランス（調和）をどのように保つのかが重要になってきます。

① 無断複製・改変とビジネスとの調和

コンテンツは、全世界に対して情報発信ができるインターネットと相まって、巨大な利益を生み出す可能性をもっています。その反面、コンテンツ特有の問題点をもっていることも否定できません。

まず、コンテンツは複製や改変が容易で、複製による劣化もありません。しかも、全世界からアクセスが可能であるため、無断複製・改変によって本来得られるべき利益が失われやすい危険性をもっています。さらに、無断複製・改変を発見しても、誰がそれを行ったのかを特定することが難しいケースが多く、損害賠償請求などの事後措置が困難となる傾向があります。

■ デジタルコンテンツの特徴

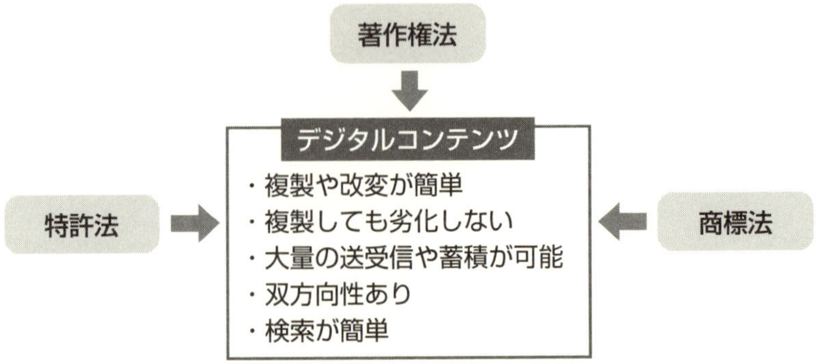

この点を解決する手段としては、これらの損失を織り込んで、コンテンツの価格設定をすることが考えられます。しかし、あまりに高額な価格設定は、コンテンツの需要を減少させてしまい、かえって得られるべき利益を失うことになりかねません。

そこで、ユーザーIDの取得などで、本人確認を厳格にするという手段が考えられます。しかし、これも厳格にし過ぎると、顧客のアクセスを減少させてしまいます。これらの点を総合的に考慮して、妥当な線でコンテンツビジネスを展開することが大切でしょう。

② 著作権法との調和

コンテンツビジネスの展開にあたっては、著作権法との関係も十分に考慮に入れておくべきでしょう。対象となるコンテンツが著作権法でいう著作物に該当するのか、該当すると判断した場合、許諾を得るために利用希望者が権利者に容易にアクセスできるのかも、考えておくべき大切な要素です。

■ 権利防衛と利便性のバランス

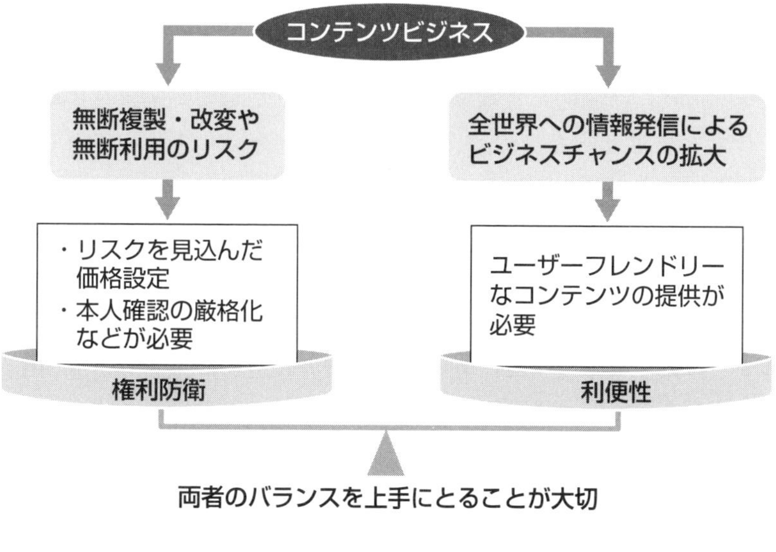

6 著作権と他の知的財産権の違いを知っておこう

登録しなければ権利が発生しない知的財産権もある

◉ 他の知的財産権にはどんなものがあるのか

人間の精神活動、知的活動から生まれるアイデアなどで、財産的価値があるものを**知的財産**といいます。知的財産は、無形で物理的な支配ができないという特徴があります。そこで、知的財産を保護するための権利として、法律がさまざまな知的財産権を規定しています。

著作権も知的財産権のひとつですが、著作権の他にも、特許権、実用新案権、意匠権、商標権、育成者権、回路配置利用権、商号権、営業秘密などが知的財産権に含まれるということができます。それぞれの知的財産権は、保護の対象も保護される範囲も異なります。

① 産業財産権（特許権・実用新案権・意匠権・商標権）

知的財産権のうち、特許権、実用新案権、意匠権、商標権は産業財産権ともいわれています。

まず、特許法によると、特許権として保護を受けるためには、特許を受けられる「発明」として認められることが必要です。具体的には、ⓐ産業上利用可能なものである、ⓑ新しく創り出されたものである、ⓒ容易に考え出せるものでない、ⓓ先に出願されていない、ⓔ公序良俗に反しない、などの要件を満たし、特許原簿に登録されたアイデアなどが特許権として保護されます。

一方、実用新案権は、特許権で保護するほどでない「小発明」を保護する役割を果たします。意匠権は、意匠原簿に登録された意匠やこれに類似する意匠の実施を独占排他的にすることができる権利で、視覚に訴えるデザインを保護する役割を果たします。商標権は、企業のブランドイメージを保護するもので、商品やサービスに関する商標のうち商標原簿に登録されたものが保護されます。商標は商号と似ているのですが、登録機関も保護される範囲も異なります。

② 産業財産権以外の知的財産権

育成者権とは、種苗法が定めている権利で、すぐれた新品種を開発した人が品種登録をすると与えられます。新品種について育成者権が与えられると、その新品種の種苗、収穫物、加工品の販売などを独占排他的に行うことができます。育成者権の存続期間は登録日から25年（永年性植物は30年）です。

回路配置利用権とは、産業的な価値の高い半導体集積回路の配置方法についての権利で、半導体集積回路の製造や販売などを独占排他的にすることができるものです。新しい配置方法を開発したときに、半導体回路配置保護法に基づき回路配置利用権が与えられます。回路配置利用権の存続期間は登録日から10年です。

商号とは、会社を設立するときに登記する会社名です。先に商号登記をすると、他人はその商号を同じ所在地で登記できません。権利の範囲が同一の役務に限定されない他、同一の所在地の場合のみ、他人の登記を排除できる点に特色があります。不正目的で商号を使用している場合、その使用の差止請求や損害賠償請求などができます。

営業秘密とは、会社の顧客情報や製造ノウハウなど、秘密として管理されている技術上または営業上の非公知の情報です。登録を必要とする産業財産権とは違って、営業秘密は、情報を秘匿したまま保護できるという特徴があります。また、営業秘密を他人が不正な方法で取得することは、不正競争防止法が禁止している不正競争行為に該当します。この違反に対しては、差止請求や損害賠償請求ができます。

◉ 登録などの要否による違いについて

著作権・著作隣接権と産業財産権は、ともに知的財産権の一種である点では共通しています。しかし、著作権・著作隣接権と産業財産権とを比べると、産業財産権が権利として認められるには登録を必要とするのに対して、著作権・著作隣接権は登録をしなくても権利として認められる点で大きく異なります。つまり、権利がいつ発生するかという点で、著作権・著作隣接権は産業財産権と大きく異なります。

著作権・著作隣接権も文化庁に登録はできるのですが、登録しなければ権利が生じないというものではありません。自身の権利をより確実なものにするには、登録した方がよいですが、登録しなかったからといって権利を主張できないわけではないのです。

一方、産業財産権は、特許庁に登録しなければ、その権利が発生しません。産業財産権以外の権利についても、回路配置利用権は経済産業省に、育成者権は農林水産省に登録しなければ、その権利が発生しません。たとえば、回路配置利用権は、一般財団法人ソフトウェア情報センター（SOFTIC）などの登録機関に申請書を提出し、却下されなかったときに発生する権利です。著作権のように完全な無方式主義（とくに手続をしなくても権利を発生させること）ではありませんが、実体審査を行いません。つまり、申請された新たな配置で、処理が効率的になるか、高速になるかなどは審査されません。登録機関への申

■ **産業財産権とその他の知的財産権** ………………………………

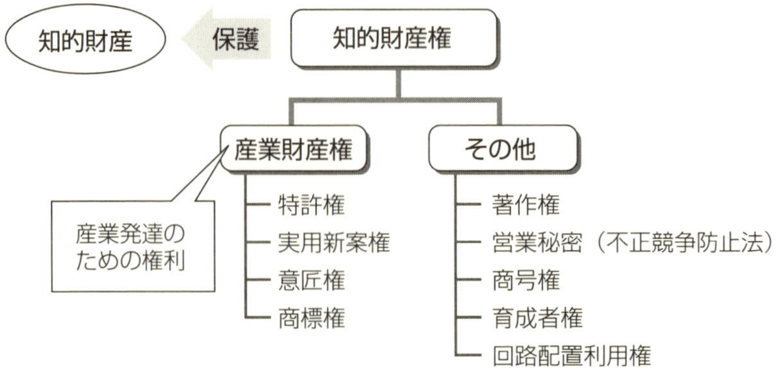

請が認められて登録された時に、はじめて申請者に回路配置利用権が与えられます。

商号も会社設立時に法務局へ登記しなければなりません。同じ所在地では同一の商号を登記できない点で、偶然に同一の著作物が創出されることを認めている著作権とは異なります。一方、同一の商号でも所在地が異なれば登記が認められるという特色があります。

◉ 権利者となることができる者の違いについて

著作権は、著作者が著作物を創作したことが重視されます。そのため、同じような内容の著作物が複数発表されたとしても、それぞれの著作者が「思想または感情を創作的に表現したもの」であれば、どちらの著作物も著作権法上の著作物として保護されるのが原則です。

その上で、ある著作物が別の著作物の著作権を侵害しているかどうかが問題となったときは、著作権者同士の話し合いや、最終的には訴訟によって解決することになります。

これに対し、産業財産権は産業の発達が重視されるため、権利者となるのは先に申請をして登録を受けた者だけとなります。たとえば、特許に値する発明を複数人が別々に行った場合、著作権のように発明者すべてに特許権が認められるわけではありません。その中で最初に申請をして登録された人だけが特許法上の保護を受けることができるのです。したがって、特許として登録されている内容と同じような発明を登録の事実を知らずに行った人が、その発明を利用して商品を開発して販売すると、登録済みの特許権の侵害となってしまいます。

なお、産業財産権とは別に、不正競争防止法も知的財産権の不正行為について規制しています。不正競争防止法は営業秘密の不正取得についても規定していますが、その他にも、著作権法、商標法、会社法などの規定ではカバーしきれない不正行為について規制する役割を担っています。

7 著作権の歴史について知っておこう

最初は出版業者の権利を守るところから始まった

◉ 著作権ができたのはいつ頃なのか

著作権という権利について、最初に検討が始まったのは15世紀頃のヨーロッパだと言われています。それ以前にも小説や絵画といった著作物はもちろん存在していましたが、どちらかというと、それが書かれたもの（書物やキャンバスなど）が誰のものか、という所有権の問題があっただけでした。

それが著作権の問題に移っていったのには、印刷技術の発明（とくに活版印刷の発明）が深く関与しています。印刷技術が発明されるまでは、たとえ著作物の複製を作ろうとしたとしても、手書きで書き写すしかないわけですから、大量の複製物は作れません。いわば私的使用の範囲を出ない程度のものであり、著作者の権利を大きく侵害するほどのことはなかったわけです。

印刷技術が発明されたことにより、当時の為政者が印刷を行う特定の出版業者に印刷術の占有という特権を与えるとともに、海賊版の出版が禁止されました。つまり、印刷による無断複製という行為によって、出版業者の利益が大きく侵害されるのを防止することを目的としていたわけです。これが、著作権をあらわす「Copyright」という英語の語源になっているといわれています。

その後、18世紀から20世紀にかけて、著作者保護を目的とした法律がイギリス、フランス、ドイツ、アメリカなどで成立し、1886年には著作権の国際的保護を目的として「文学的および美術的著作物の保護に関するベルヌ条約」が成立しました。

◉ 日本における著作権の歴史

日本に印刷技術が普及し始めたのは江戸時代中期（17世紀末頃）と言われています。最初はヨーロッパ諸国と同様、出版を業とする人々の権利の保護に主目的を置いた対応が先行していたようです。

著作者の権利を保護する考え方がでてきたのは、幕末から明治初期の頃です。自身の著作物の海賊版が出回ったことで権利の侵害を受けた福沢諭吉が、英米の「コピーライト」の概念を積極的に紹介したのがきっかけとなりました。

現在の著作権法の元となる旧著作権法が成立したのは1899年です。旧著作権法では、著作権が著作行為によって発生することや、著作権の保護期間を著作者の死後30年までとすることなどが規定されていました。このことは、近代的な著作権の概念が日本に定着したひとつの表れといえるでしょう。

■ 印刷技術の向上と著作権の侵害

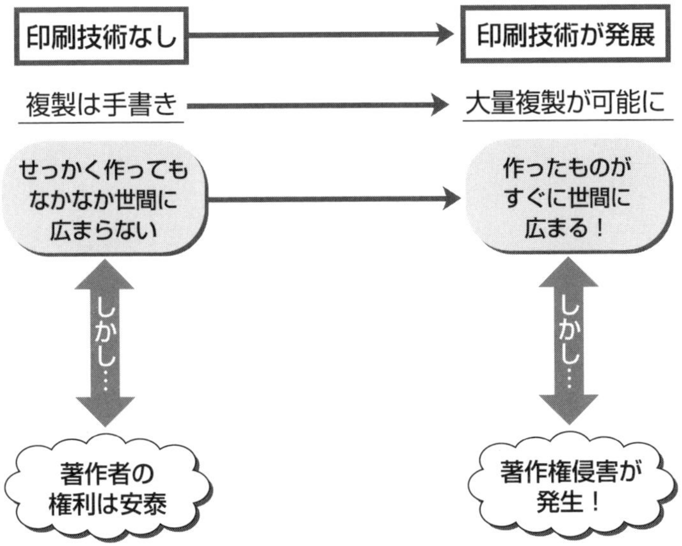

8 著作権の条約について知っておこう

ベルヌ条約などがある

◉ グローバルな視点での条約によるとりきめがある

近年、流通網の発達やインターネットの普及で、著作物はさまざまな形で世界各国に移動できるようになりました。これにより、著作権の侵害も従来よりも増して国際的に起こるようになっています。

国際的な著作権の侵害が始まったのは、著作権の概念が生まれてすぐのヨーロッパ諸国です。陸続きに国が接しているため、流通網が発達していなかった時代であっても、著作物の国家間移動が容易に行える環境だったといえるでしょう。この状況に対応するために1886年に成立したベルヌ条約をはじめ、著作権の保護を目的とした国際条約として、主に次のようなものがあります。なお、条約は加盟国の間で効力を有するもので、加盟していない国には効力が及びません。

① ベルヌ条約（文学的及び美術的著作物の保護に関するベルヌ条約）

ベルヌ条約は、内国民待遇（加盟国の国民に対して自国の法律に基づいて自国民と同等の待遇をすること）と、無方式主義（権利の取得や行使に際して何らの手続きを要しないこと）という形で、著作権を保護するとしています。2018年７月現在、160を超える国が加盟（批准）しており、日本も1899年に加盟しています。

② 万国著作権条約

世界の国々の中には、ベルヌ条約のような無方式主義でなく、方式主義（著作権の保護を主張するのに登録や表示といった手続きを必要とすること）を採用している国もあります。このような国で、ベルヌ条約加盟国の著作権を保護することが難しい側面があったため、1952年に万国著作権条約が作成されました。万国著作権条約では、その著作物の最初の発行時から©マークの他、著作権者名、最初の発行年を記載しておくと、条約加盟国において、外国人が著作権保護のために必要な登録などの手続きをしなくても、その国の自国民と同等の著作権の保護を受けることができるとしています。日本は1956年に万国著作権条約へ加盟しています。なお、ベルヌ条約と万国著作権条約の双方の条約に加盟している場合は、ベルヌ条約の規定が優先されます。「方式主義」を採用する国の中心であったアメリカが1989年にベルヌ条約に加盟したことで、世界の大勢は無方式主義に動いています。

③　WIPO著作権条約（著作権に関する世界知的所有権機関条約）

既存の条約だけでは保護しきれないコンピュータプログラムなどの著作権を保護するため、1996年に成立した条約です。日本は2000年に加盟しています。WIPOは世界知的所有権機関のことです。

◉ TPP11協定の動向に注意が必要

TPP協定からアメリカが離脱を表明した後、2018年３月に残りの11か国で**協定環太平洋パートナーシップに関する包括的及び先進的な協定（TPP11協定）**が調印されました。TPP11協定の内容はTPP協定と原則として同じです。TPP11協定の締結を受け、著作物の保護期間の延長（著作者の死後70年間に延長）などに関する著作権法改正を含めた整備法が2018年６月に成立しました。整備法はTPP11協定の発効日に施行されますので、その動向に注意が必要です。

■ 各条約の関係

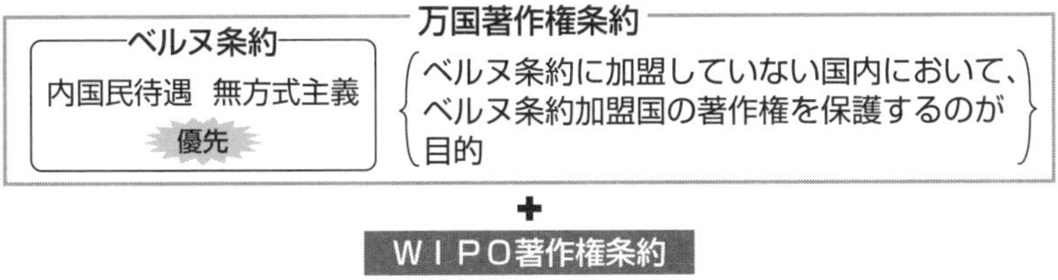

相談　著作権があることを主張する方法

Case　ある著作物について、自分が著作権を持っている（著作権者である）ことを主張する方法はあるのでしょうか。

回答　著作権は、特許権などとは異なり、著作物を創作した時点で、直ちに著作権を取得することが認められます。著作物はアイディアの体現のようなものであるため、登録制度といった形式を要求してしまうと、人のアイディア（思想）について文化庁が良し悪しを判断することになり、憲法が保障する基本的人権である「表現の自由」「思想・良心の自由」の制約につながるおそれがあるためです。このように、登録などの特別な方式なしに、著作権の取得を認める考え方を無方式主義といいます。無方式主義は、国際的な流れとも合致しており、著作権に関する国際条約である「ベルヌ条約」（44ページ）の加盟国は、無方式主義を採用する義務を負っています。

それでは、ある著作物について、自分が著作権者であることは、どのように主張できるのでしょうか。まず、著作権表示（©マーク）によって、著作権者であることを表示することができます。一部の国においては、著作権表示がない著作物について、著作権者であることを主張することができません（方式主義）。日本やアメリカを含めたベルヌ条約の加盟国では無方式主義がとられていますが、著作物の盗用などの場合に備えて、著作物に著作権表示（©マーク）を付けることで、著作権を取得している旨を明確にするという方法が考えられます。

また、著作権の取得とは別に、文化庁の著作権登録制度を利用する方法もあります。登録制度を利用すると、著作権の侵害の有無をめぐり争いが生じた場合であっても、第一発行年月日などの登録によって、自分が先にその著作物を発行・公表したことが推定され、先に著作権を取得していたことを主張する助けになります。

第２章

著作物の判断基準

1 著作物にも種類がある

言語、音楽、建築など、著作物の種類は多岐にわたる

◉ 著作物の概念は他の知的財産より幅が広い

著作物については、小説・音楽・写真・絵画・彫刻・映画・ゲームの他にも、多種多様なものが含まれると考えられます。著作権法上の「著作物」は、特許法上の「発明」や、意匠法上の「意匠」などと比べると、幅の広い概念だといえます。もっとも、著作権は、著作物の排他独占権という非常に強い権利ですから、どの範囲のものに著作権を与えるかを明確にしておかなければなりません。

著作権法では、保護の対象となる著作物の種類をできる限り明確にするため、著作権が与えられる対象となる著作物を具体的に列挙しています。ここでは、その種類について概観してみましょう。

◉ どのようなものが著作権法上の著作物となるのか

著作権法では、以下の①～⑨を具体的に列挙し、著作物として認めています。ただし、①～⑨は「著作物の例示」に過ぎません。そのため、①～⑨に該当しないものであっても、「思想または感情を創作的に表現したものであって、文芸、学術、美術または音楽の範囲に属するもの」であれば、著作物として認められます。

① 言語の著作物

思想または感情が、言語によって創作的に表現されているものです。著作物としては最も典型的なものです。小説、詩歌、脚本、実用書、論文などジャンルは問いません。

② 音楽の著作物

思想または感情が、旋律（メロディ）あるいは音によって創作的に

表現されているものです。

現代の歌謡曲などは、旋律と歌詞が別の作者によって創作されている（作曲家と作詞家が異なる）ことがあります。その場合は、旋律と歌詞がそれぞれ別の著作物となり、個別に著作権が認められます。

③　舞踏の著作物

思想または感情が、振付によって創作的に表現されているものです。

たとえば、ミュージカルや歌手のバックダンスは、振付師がその振付を創作していますので、その振付については振付師に著作権が認められます。この場合、BGM（曲）がなくても、振付師に無断でその振付を公開することは、振付師の著作権を侵害することになります。

④　美術の著作物

思想または感情が、線・色彩・明暗によって創作的に平面的または立体的に表現されているものです。絵画、彫刻、漫画などが該当します。

⑤　建築の著作物

思想または感情が、建築物（土地の工作物）によって創作的に表現されているものです。建築物かどうかは、土地との密着性の程度などによって判断されています。

建築物の場合は、他の種類の著作物とは異なる問題点があります。建築物には最先端の技術を使用していることが多いといえます。そう

■ 定義から見た著作物の種類

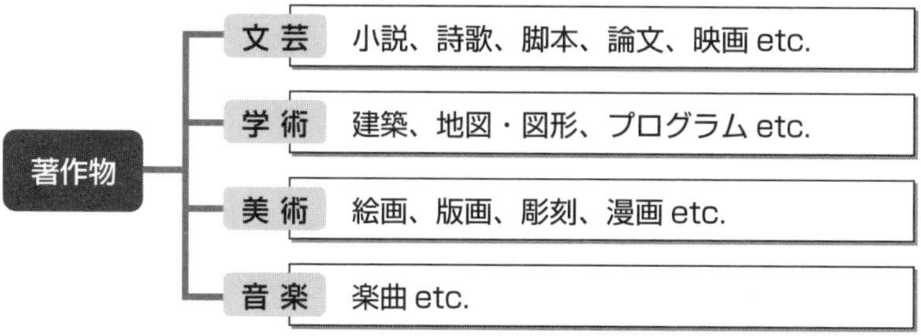

なると、建築物の中に、別の知的財産権である特許権や実用新案権が含まれていることがあります。また、建築物のデザインが斬新であると、意匠権が発生しているケースもあります。

つまり、建築物には、著作権と特許権、実用新案権、意匠権が並存している可能性があるのです。権利者に無断で設計図から建築物を建築すると、著作権（複製権）の侵害だけでなく、これらの知的財産権の侵害にもなることに注意が必要です。

⑥　地図または図形の著作物

思想または感情が、地図または図形（学術的な性質を有する図面、図表、模型その他の図形）よって創作的に表現されたものです。ここでの「図形」には、平面的なもの（表、グラフなど）だけでなく、立体的なもの（地球儀、月球儀など）も含みます。

なお、地図または図面の中に統計が記載されている場合、それが客観的な統計であれば、その統計については著作権が発生しません。この場合、統計を除外した地図または図面の部分について、著作権が発生することになります。

⑦　映画の著作物

思想または感情が、連続する映像によって創作的に表現されているものです。映像にはストーリー性が必要です。ストーリー性がなければ、ここにいう「映画」には該当しません。

⑧　写真の著作物

思想または感情が、一定の映像によって創作的に表現されているものです。デジタルカメラで撮影したものも含みます。

⑨　プログラムの著作物

思想または感情が、電子計算機を機能させて１つの結果を得ることができるように、これに対する指令を組み合わせたものとして創作的に表現されているものです。ソフトウェア、アプリケーション、テレビゲームなどが該当します。

相談 図表・図形・模型は著作物にあたるか

Case ホームページに、競合する他社が作成したグラフ（図表）をマネて載せると、著作権侵害になるのでしょうか。

回答 ホームページの制作会社に、健康器具メーカーの担当者から「ホームページを新しくしたいのだが、競合メーカーの会社案内に載っているグラフが、イラストをうまく利用して工夫されている。たとえば、市場の売上規模の推移は健康器具の大きさで表し、マーケット・シェアはその器具を分割・色分けして表現し、売れ筋品の価格は紙幣で表すなど非常にわかりやすいので、これを加工して自社のホームページに使いたい」との依頼があった場合、この依頼に基づいて制作することは著作権侵害にあたるのでしょうか。

原則として、学術的な性質を持つ図表・図形・模型などは、著作物の概念に含まれます（前ページ）。しかし、ありふれた一般的なものは、「創作的に表現」されたものとはいえないので、著作物としては認められていません。本ケースでも、単純な棒グラフ・円グラフよりは工夫されているとはいえ、グラフをイラスト化して表現すること自体は、誰もが思いつくありふれたものとされるでしょう。本ケースの場合は、イラストの複製権の侵害を避けるため、新たに別のイラストを描き起こせば、著作権法上は問題とならないでしょう。

相談 創作料理は著作物にあたるか

Case 創作料理は著作物といえるでしょうか。

回答 街にある創作料理をうたうレストラン・居酒屋などは、その新しい味や思いつかないような取り合わせで、私たちを楽しませてくれています。そのようなレストラン・居酒屋などで出される創作料理は、著作物にあたるのでしょうか。

著作物であるためには、思想・感情が創作的に表現されたものでなければなりません。創作料理は、たしかに創作的とはいえるにしても、調理者の思想・感情が表現されたものとはいえず、単なるアイデアにとどまります。そして、アイデアは著作物ではないため、料理のレシピ（素材、調味料の種類・分量、手順など）は著作物といえません。たとえば、居酒屋Ａで開発された新しいメニューが、翌月には違う居酒屋Ｂがそれをそっくりマネしても、商道徳上はともかく、著作権法上は問題がないといえます。

しかし、レシピを文章にしたメモ・書籍・Webページは著作物となりますので、無断で書き写しやコピーをすると、メモなどの作成者の著作権（複製権）を侵害することに注意が必要です。

相談　サイン入りTシャツと著作権の侵害の可否

Case　有名歌手の直筆サイン入りのＴシャツをオークションで売ることは、著作権法上問題はないでしょうか。また、このサインをコピーして、Ｔシャツにプリントして販売する場合はどうでしょうか。

回答　一般的に、サイン（署名）は、独創的で工夫がなされたものであっても、思想・感情を創作的に表現しているものとはいえないので、著作物とはいえません。例外的に、美術としての鑑賞性を有する場合は「書」として著作物であると認められる可能性があります。

ただ、たとえサイン入りＴシャツが著作物であっても、存命中の有名画家が描いた絵画をその所有者が自由に売ることができるように、サイン入りＴシャツを売ること自体は、著作権の侵害になりません。

しかし、サイン入りＴシャツを無断で大量にプリントして売ろうとすると、そのサインが著作物であれば、当然に著作権（複製権）侵害となります。また、サインに著作権がない場合であっても、有名歌手のサインには「パブリシティ権」（著名人が有する経済的価値を本人が独占できる権利のこと）が及ぶとされていますので、パブリシティ権の侵害となります。いずれにしても、サイン入りTシャツを複製して販売するときは、有名歌手本人の許諾を受ける必要があります。

相談 印刷用書体は著作物にあたるか

Case 活字の書体（タイプフェイス）は著作物でしょうか。

回答 印刷（活版印刷、写真植字、レーザープリンターなど）のために創作された書体（文字のデザイン）をタイプフェイスといいます。この印刷用の書体であるタイプフェイスに著作権はあるのでしょうか。

原則として、タイプフェイスに著作権は認められません。タイプフェイスに著作権があるとすると、世の中の小説・詩歌・随筆・論文・ノンフィクション作品などの著作物の出版が大きな制約を受け、著作物の公正な利用が妨げられ、文化の発展に寄与するために作られた著作権法の目的に反することになるからです。

裁判例によると、タイプフェイスが著作物であるためには、「顕著な特徴を有するといった独創性」および「美術鑑賞の対象となり得る美的特性」を備えていなければなりません。これらの要件を備えるのは非常に難しいといわれています。

ただし、タイプフェイスをそっくりそのままマネする行為（デッドコピー）は、不正競争防止法上の問題になります。

また、タイプフェイスを集めてデータ化したフォントプログラムをプログラムの著作物（50ページ）であると認定し、無断複製を著作権（複製権）侵害とした裁判例があります。

相談 学問上の定義・法則は著作物にあたるか

Case 学問上の定義・法則を使用するときは、許諾を受ける必要があるのでしょうか。

回答 定義とは、ある概念の内容を他の概念と区別することができるように明確に限定することであり、法則とは、一定の条件のもとでは必ず成り立つ事物の相互の関係のことです。つまり、定義も法則も、著作物の要件である創作性とは、まったく反対といってもいい客観性の上に成り立つものです。

また、ある定義・法則に著作物性を認めて排他独占的な利用を許すことになれば、自然科学・社会科学といった学問の発展を妨げる結果となり、学術・文化の発展に寄与（貢献）するために作られた著作権法本来の趣旨に反することになってしまいます。

上記の点から明らかなように、定義・法則はそもそも著作物とはいえません。したがって、学問上の定義・法則を、ビジネスにおける企画やプレゼンテーションに盛り込むことや、消費者への広告宣伝活動で利用することなどは、著作物の利用にあたりませんから、その定義や法則の提唱者はもとより誰の許諾を受ける必要もありません。

相談 手紙やメールの無断公開と著作権侵害

Case 同人誌の作家からもらった手紙（メール）を、自分のブログで無断で公開することは著作権の侵害になるでしょうか。

回答 不特定多数に発表されることを目的とした小説・論文だけが著作物であるわけではありません。小学生が、学校の宿題で先生に読んで採点してもらうだけのために書いた作文も、本人の思想・感情が創作的に表現されているのであれば、立派な著作物に該当します。つまり、不特定多数に公開されるということが著作物の要件とはなっていないことがポイントです。

本ケースの場合、同人誌に掲載された小説を絶賛する手紙を作者に送って、それに対して返信された手紙は、その作者自身の思想・感情を創作的に表現したものであることはいうまでもありません。

したがって、特定の人物に送られた私信といっても著作物にあたるわけですから、作者からの手紙を自分のブログで公開するためには、作家本人の許諾を受けなければなりません。

本ケースのように、無断で手紙を公表することは著作権（複製権・公衆送信権）侵害となります。また、手紙の内容によっては、私生活上の秘密を第三者から侵されない権利である「プライバシー権」の侵害になる可能性もあると考えられます。

相談　地図は著作物にあたるか

Case　市販の地図をコピーして招待状の道案内用に利用しましたが、著作権侵害となるのでしょうか。また、Web地図の場合には、何か異なりますか。

回答　地図は、地形を書き写したものであるため、単なる事実を書き記したものに過ぎないと見ることもできます。事実には、基本的に思想や感情が盛り込まれる余地がありませんので、表現物に表された思想や感情を保護するという著作権法の趣旨から考えると、事実は保護範囲外にあると考えられ、著作物にはあたりません。そうすると、地図が単なるデータに過ぎず、創作性がないことが明らかであれば、著作物とならない可能性があります。

しかし、著作権法は「地図または図形の著作物」(50ページ）という形で、地図が著作物にあたることを明示しています。なぜなら、地図を作成する際には、どの地域を、どの縮尺で、どのような色を使用して、何を記載して何を省くかなど、作者の個性が表れますから、思想や感情が盛り込まれており、創作性があるといえるからです。

したがって、市販の地図をコピーすることは、著作権法上の著作物の複製にあたると考えられますから、著作権者の許諾を得なければ、原則として著作権（複製権）侵害にあたります。ただし、小規模で行われる私的な会の招待状の道案内用にコピーしたのであれば、私的使用を目的とする複製に該当し、著作権侵害とならないでしょう。

以上のことは、紙面の地図に限らず、Webサイト上の地図であっても基本的には異なりません。つまり、Web地図も著作物に該当するため、著作権者の許諾を得ない限り、無許可でコピーして配布することは許されません。ただし、Web地図の提供者がWeb地図の無許諾による使用を認めている場合があります。たとえば、Google社が提供するGoogleマップの利用については、「Googleマップと Google Earthの権利帰属表示に関するガイドライン」において、利用に際してGoogle社に権利が帰属することなどを表示することで、利用者は、Google社の許諾を得なくても、Googleマップの複製が認められます。

相談　写真は著作物にあたるか

Case　素人が撮ったスナップ写真、デジカメ・携帯で撮った写真、プリクラ、証明写真、カタログの写真は著作物に含まれるでしょうか。

回答　思想や感情が創作的に表現されていれば、素人が撮った写真であってもプロが撮った写真であっても、写真の著作物に含まれます。同じように、携帯カメラやデジカメによって撮影された写真であっても、写真の著作物に含まれます。

つまり、スナップ写真や、携帯カメラ・デジカメで撮影された写真は、撮影者がシャッターチャンスや構図を工夫して撮ったものであれば、著作物として著作権法上の保護を受けます。また、カタログの写真は、一見すると商品を並べているだけに思えますが、撮影者が構図などを工夫して撮ったものであれば、写真の著作物に含まれます。

しかし、プリクラの写真や証明写真は、仮に機械でなく人がボタンを押して撮影するとしても、これらの写真の性質上、構図などについて撮影者の工夫が入る余地があるとはいえません。したがって、プリクラの写真や証明写真は、写真の著作物にあたりません。

相談 顔文字やアスキーアートは著作物にあたるか

Case 顔文字やアスキーアートなども著作物といえるのでしょうか。

回答 思想や感情が創作的に表現されたもので、文芸・学術・美術・音楽の範囲に属するものが著作物ですから、顔文字やアスキーアートがこれに該当する場合には、著作物といえることになります。

アスキーアートは、文字・記号・数字などを組み合わせて作成した絵画で、コンピュータ上に表現されるものです。顔文字もアスキーアートの一種で、使用者の感情などを表現するのに使われます。アスキーアートや顔文字は、1行で表現できる簡単なもの（顔文字が多い）だけでなく、数行を用いる複雑なものもあります。

思想や感情を表現している点では、アスキーアートも顔文字も著作物に該当する可能性があります。ただ、創作的に表現されたものと判断できるかどうかは、そのアスキーアートや顔文字の種類によって異なります。顔文字やアスキーアートには、誰もが思いつくようなありきたりのものから、非常に複雑な構図をしており、一般の人が思いつかないもしくは作成できないものまであるからです。後者の中には著作物と判断できるものもあります。

相談 人形は著作物にあたるか

Case 工夫を凝らして作った人形は著作物か、仮に著作物に該当しない場合、模倣されるのを防ぐにはどうすればよいのでしょうか。

回答 人形の著作物性の有無については、著作権法が例示している著作物のうち「美術の著作物」にあたるかどうかが問題となります。条文はこれ以上詳しく定めていないため、人形が著作物にあたるかどうかを判断するのは、なかなか難しいといえるでしょう。

人形と言っても、国宝級の人形もあれば、子どものおもちゃ用に大量生産されるものもあります。大量生産の人形の中にも芸術性の高いものがないとはいえません。こうした事情から、実際の裁判においても、個々の人形によって、著作物性の有無は異なる結論となっているようです。もっとも、大量生産品であっても、純粋な美術品と同程度のもので、美術鑑賞の対象となる審美性を備えているものが、美術の著作物として認められる、という判断基準をとっています。

なお、人形が保護の対象となる余地のある法制度として、デザインを保護の対象とする意匠法があります。模倣品を防ぎたい場合は、著作権だけでなく、意匠法も視野に入れるとよいでしょう。意匠法による保護を受けるには、特許庁に登録申請をする必要があります。

相談 大量生産の製品の図柄を模倣する行為と著作権侵害

Case 大量生産の製品の図柄をマネする行為は著作権侵害になるのでしょうか。

回答 絵画や彫刻などの美術品や、一点ものの美的工芸品は、美術の著作物として著作権法上の保護を受けます。しかし、美的装飾が施された大量生産の製品の図柄が著作物にあたるかどうかは、著作権法上、何も規定されていません。したがって、大量生産の製品の図柄をマネする行為が著作権侵害になるかどうかは、大量生産の製品の図柄が著作物にあたるかどうかにかかってきます。

この点について、大量生産された製品の図柄や美的装飾が、ありきたりのもので、芸術性の高いものでもない場合は、美術の著作物とは認められない可能性が高いでしょう。判例においては、大量生産の製品の図柄であっても、それが一般的な芸術品と同程度の芸術性を有している場合に、美術の著作物として認めています。

したがって、大量生産の製品の図柄をマネする行為は、その図柄が美術の著作物と認められなければ、著作権侵害とはなりませんが、美術の著作物と認められれば、著作権（複製権）侵害にあたります。

相談 絵画のカタログ制作と著作権侵害

Case 絵画展で来観者に、豪華な出展作品のカタログを配ることは、著作権を侵害することにはならないのでしょうか。

回答 たとえば、ＩＴ企業から、「創業20周年を記念して、高名な画家の展覧会を主催することになり、招待客に記念品として、全作品をアート紙にカラー印刷したカタログを配ることを企画している。創業者の社長からは、法的には展覧会で解説のためのカタログであれば画家に無断で作れるはずだから、細かい注文がついて面倒なことになる画家本人への話はするな、と言われたが、大丈夫だろうか」という相談を受けた場合を例に考えてみましょう。

たしかに、著作権法には、展覧会の観覧者に解説・紹介するための小冊子を作るために、著作権者の許諾がなくても、美術の著作物を掲載できると規定しています。しかし、全作品をカラー印刷したカタログは、この小冊子にあたらないと考えられます。小冊子とは、あくまで展示品の解説・紹介を目的としたもので、それ自体が鑑賞の対象となるものを想定していないからです。裁判例においても市販されている画集と同レベルのものは小冊子と認めず、無断掲載は著作権（複製権）侵害としています。そうしないと、画家本人が出版を認めた画集が売れなくなり、著作者の利益が害されるからです。

相談　商用のポスターと著作権侵害

Case　企業の広告用のポスターをマネた絵を作成して、ホームページに載せましたが、著作権侵害にあたるのでしょうか。

回答　著作権法上、美術の著作物とされているのは「絵画、版画、彫刻その他の美術の著作物」です。著作権法が著作物として保護しているのは、基本的には純粋美術（鑑賞目的の美術品）ですが、応用美術（実用性や有用性をふまえた美術品）の一種である美術工芸品も「その他の美術の著作物」として著作物に含まれます。問題となるのは、美術工芸品以外の応用美術の著作物性です。

従来は、美術工芸品以外の応用美術は、美術的鑑賞に耐えうる高い創作性があるものを除き、著作物に該当しないと考えていました。しかし、近時の知財高裁判決（2015年４月14日）は、美術工芸品以外の応用美術であっても、個別具体的に検討し、作者の個性が発揮されているものであれば、高い創作性の有無を問わず、美術の著作物に該当すると判断しています。

したがって、2018年７月現在では、企業用の広告（商業広告）が美術工芸品ではないと判断されるとしても、その広告が美術の著作物に該当し、著作権法上の保護を受ける可能性が従来よりも高くなっているといえます。

以上から、企業用の広告であっても、著作権法上の保護の対象となるケースがあるので、念のため、著作権者が存在するものとして扱うようにして、その広告を利用する場合には、ポスターの著作権者の許諾を得るようにした方がよいでしょう。

相談　屋外設置の美術品と著作権利用

Case　屋外に恒常的に設置されている美術品を著作権者の許諾を得ずに利用できるのはどのような場合でしょうか。

回答　著作物については、著作権者の許諾を得なければ利用できないのが原則です。しかし、屋外に恒常的に設置されている美術の著作物については、原則として自由に利用できるという例外があります。もっとも、どのような利用方法であっても著作権者の許諾がいらない、というわけではありません。以下の場合には、著作権者の許諾を得る必要があります。

① 屋外に設置されている彫刻を増製（彫刻として複製すること）する場合や、増製したものを譲渡して公衆に提供する場合
② 屋外に設置されている美術の著作物をさらに屋外の場所に恒常的に設置するために複製する場合
③ 美術の著作物の複製物を販売することを目的として複製する場合や、その複製物を実際に販売する場合

たとえば、屋外に恒常的に設置されている美術品を写真に撮ってブログに掲載する場合や、ビデオカメラで撮影する場合は、それが販売目的であったり、実際に販売しない限りは、許諾を得ずに行えます。

2 キャッチフレーズやスローガンは著作物といえるのか

独創的な内容であるかどうかによって判断は分かれる

◉ こんな場合に問題になる

他社がＣＭやポスターなどで使用しているキャッチフレーズを、同じような商品を自社も製造しているからといって、そのまま流用した場合や、同じような活動をしている他グループのスローガンを一部変更して使うなどした場合、そのキャッチフレーズやスローガンの著作権を侵害したことになるかどうかが問題となります。

もし他社のキャッチフレーズや他グループのスローガンが著作物として扱われるとすると、無断流用は著作権（翻案権・複製権）侵害に該当し、差止請求や損害賠償請求を受ける可能性があります。

また、社会的に認知されているキャッチフレーズやスローガンを流用することは、たとえ一部の流用であっても、会社として世間によい印象を与えるとはいえませんので、慎重にするべきでしょう。

◉ キャッチフレーズは著作物にあたるか

キャッチフレーズとは、ＣＭやポスターなどにおいて、ある会社や商品などのイメージを短い言葉で表現したものです。

キャッチフレーズは、原則として著作物にあたらず、著作権法上の保護を受けないと考えられます。たとえば、「元気な企業」「輝く太陽」といったキャッチフレーズは、ありふれた単語を並べているだけなので、著作物とはいえないでしょう。

ただし、キャッチフレーズであれば、常に著作物と判断されることはないとはいえません。キャッチフレーズに創作性、つまり作者の個性が発揮されていれば、著作権法にいう「思想または感情を創作的に表現したもの」に該当すると判断され、著作物として扱われる可能性があるといえるでしょう。

◉ スローガンは著作物にあたるか

スローガンとは、公共機関や企業・団体などが行っている事業・活動・運動といったことの目的や理念を、簡潔な言葉を使って表現しようとするものです。たとえば、環境省における地球温暖化対策活動のスローガン「STOP THE 温暖化」や、全国交通安全運動の標語などといったものがこれにあたります。

スローガンは、平易な言葉を使って、理念や目的を伝えようとすることから、誰もが考えつくありふれた表現であると判断され、著作物として扱われないのが原則です。

しかし、キャッチフレーズと同じように、創作性のある独自の表現である、つまり作者の個性が発揮されている表現であれば、著作物として扱われます。

■ キャッチフレーズ・スローガンの著作物性

	キャッチフレーズ	スローガン
定義	会社や商品などのイメージを短い言葉で表現したもの	企業や団体などが行っている事業・活動・運動の目的や理念を簡潔な言葉を使って表現したもの
著作物性	原則＝著作物にあたらない 理由＝ありふれた単語を並べているだけだから	原則＝著作物にあたらない 理由＝誰もが考えつくありふれた表現と判断されることが多いから
著作物と認められる場合	作者の個性（創作性）が発揮されている	作者の個性（創作性）が発揮されている場合

3 ニュース記事や見出しは著作物か

著作物扱いになるものが多いので無断転載は極力避ける

◉ どのような場合に問題となるのか

インターネットの普及が進み、Webサイト（ホームページ）、ブログ、SNSといったツールを使って、誰でも気軽に情報発信をすることができるようになりました。Webサイトにアクセスすると、自作の歌詞や小説、最新のニュースや論評、気になるお店の紹介など、さまざまな情報が目に飛び込んできます。

ここで問題になるのが、新聞社や雑誌社などのWebサイトを見て気になった記事や見出しについてコメントする際に、元の記事や見出しを転載している場合です。元の記事や見出しが著作物にあたると判断される場合には、無断転載すると著作権侵害となるからです。

◉ 記事は著作物にあたるか

新聞や雑誌などの記事については、言語の著作物（48ページ）に該当し、著作権法上の保護を受けるのかどうかが問題となります。

通常の記事の場合は、「○○県○○市で発生した交通事故で男性２人が重軽傷を負った」など、単に事実を伝達するだけの時事報道であれば、創作性がないことから、著作物とはいえませんので、無断転載しても著作権法上の問題は生じません。しかし、事実を記載した上で、その記者の見解を加えていたり、表現の仕方に独自の工夫をこらしている場合は、創作性が認められることから、著作物として扱われることに注意が必要です。

これに対し、新聞や雑誌などに掲載されている「社説」「コラム」といった論評については、実際に起こった事実をテーマにしながら、執筆者の思想や感情を読者に伝えようとしているわけですから、著作物として扱われると見て差し支えありません。

◉ 見出しは著作物にあたるのか

記事の見出しの場合も、同じく言語の著作物に該当するかどうかが問題となりますが、実際に起こった事実を簡潔な言葉で伝えることを目的としているわけですから、創作性が認められず、著作物にはあたらないと判断されることがほとんどです。

しかし、著作物かどうかという判断と、文章が長いか短いかということに直接の関係はありません。たとえ短い言葉であっても、作成者の独自の工夫が認められたり、他の人では思いつかない表現方法が用いられたりしていれば、創作性が認められることから、著作物であると判断される可能性があります。

その意味では、見出しの中でも著作物として扱われるものがありえますので、無断転載は控えるべきでしょう。記事の見出しが著作物に該当しないとしても、その無断転載を事業として反復継続していた会社に対し、不法行為が成立すると判断した裁判例もあるからです。

■ 新聞の記事や見出しも著作物にあたることがある

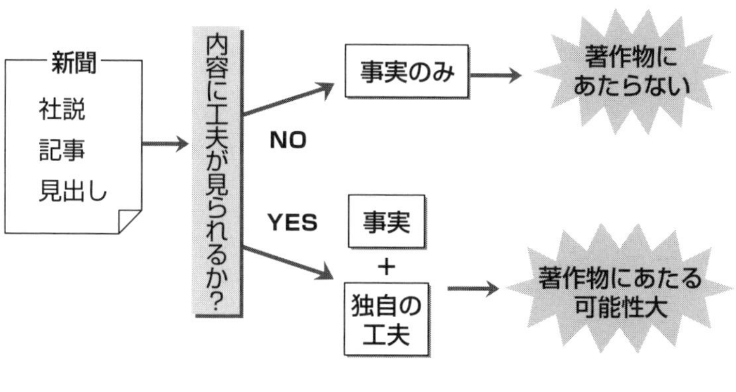

相談 ネーミングや芸名は著作物にあたるか

Case 本や雑誌、新聞記事の題名（タイトル）やテレビの番組名、ネーミングや芸名などは著作物といえるのでしょうか。

回答 まず、本の題名（タイトル）ですが、これは通常著作物とは認められていません。書籍の題名だけでなく、雑誌名やテレビ番組の番組名も同様です。新聞記事の見出しも原則として著作物とは認められません（前ページ）。著作物と認められない以上、こうした題名については著作権法上の保護を受けることは難しいといえます。

しかし、本自体は著作物です。本の著作者には、著作者人格権の一種である同一性保持権という権利が認められています。同一性保持権は、著作物の同一性を保持する権利ですから、著作者に無断で本の題名を勝手に変更して利用した場合には、この同一性保持権の侵害にあたります。一方、新聞記事については、著作物と認められる場合と認められない場合があります。記者が表現方法などについて創意工夫をこらし、自身の心情や分析結果を織り込んで作成している場合には、著作物として認められますが、イベント情報や人事異動などのように誰が書いても同じ内容になる、単に事実を伝達するために作成された記事は、著作物であるとは認められません。

次に、ネーミングや芸名についてですが、これらも通常は著作物とは認められません。ネーミングや芸名については、どちらかというと著作権法による保護ではなく、商標法や不正競争防止法によって保護される可能性の方が高いといえます。

商標権とは商標を排他独占的に使用できる権利で、登録された商標のことを登録商標といいます。商標とは、商品を購入する人や、サービスの提供を受ける人が、その商品やサービスを他の商品やサービスと区別できるようにするために使用される文字や図形、記号などのことです。ネーミングや芸名を商標として登録すると、商標法上の保護を受けることができます。

一方、不正競争防止法によると、周知で著名な商品等表示を模倣すると不正競争行為として罰せられます（周知な商品等表示の混同惹起）。商品等表示とは、氏名、商号、商標、標章、商品の容器や包装、その他の商品や営業の表示をいいます。業務に関するネーミングや芸名は商品等表示に含まれますから、不正競争防止法上の保護を受けます。このように、著作物と認められない場合でも、著作権法以外の法律によって保護される場合があります。

相談　転載許可

Case　新聞や雑誌の記事を広報誌に掲載する行為は、著作権法上、何らかの問題がありますか。

回答　新聞や雑誌の記事について、単なる事実を伝えるにすぎない時事報道の記事は、著作物にあたりません。そのため、新聞や雑誌の記事を広報誌に載せる行為は、常に著作権法上の問題を生じないと誤解している人も多いと思います。

しかし、時事報道の記事を著作権法上の保護の対象から除外しているのは、「××月××日に交通事故が発生した」といった事実しか記載していない簡潔な記事を、著作物として認めない趣旨です。

したがって、記事における物事の取り上げ方などについて記者の思想や感情に立脚して表現された新聞記事や雑誌は、創作性が認められ、言語の著作物にあたります（64ページ）。そのため、広報誌において、簡潔な内容ではない新聞や雑誌の記事を転載する行為は、著作権者の許諾を得なければ、著作権（複製権）侵害にあたります。

なお、新聞や雑誌の記事に関しては、執筆した記者本人でなく、新聞社や出版社が著作権（著作財産権）を持つという取り決めになっていることが多いようです。そのため、記事の内容を転載する場合、実際には新聞社や出版社の許諾を得ることが必要になります。

ただし、一般に周知させる目的で、国などが作成・公表した資料などについて転載する場合は、許諾を得る必要がありません。また、著作権法が規定する要件を充たした上で「引用」する場合は、例外的に著作権侵害にあたらないことがあります。

相談 語呂合わせは著作物にあたるか

Case 語呂合わせは著作物といえるのでしょうか。

回答 歴史の年表などの数字の並びや単語の意味など、何かを覚えなければならない時に、語句を組み合わせて何らかの意味を持たせる語呂合わせを用いることがあります。通常、語呂合わせを作る場合には、覚えやすそうで意味の通る語句の組み合わせを考えますから、作成の過程に創意工夫がなされているといえます。

しかし、創意工夫がなされている表現物である、という理由だけでは著作物に該当すると判断することはできません。著作物とは「思想または感情を創作的に表現したものであって、文芸、学術、美術または音楽の範囲に属するもの」であると定義されているからです。語呂合わせがこの定義に該当する場合には著作物といえますが、該当しない場合には著作物とはいえない、ということになります。

この定義から考えると、語呂合わせが思想または感情を表現したものとは考えにくいのですが、判例によって著作物性を認められた語呂合わせも存在しています。反面、著作物性を否定されている語呂合わせもありますから、実際にこの定義に該当するかどうかの判断は、個々の語呂合わせによって異なるといえます。

4 オフィスビルも著作物といえるのか

すべての建築物が著作物になるわけではない

◉ 建築物は著作物なのか

著作物というと、紙面や画面などに記載されたもの（小説、歌詞、絵画など）を想像しますが、実はビルや住居といった建築物も「建築の著作物」として扱われることがあります。建築物は、建築士が図面を引き、一つひとつ違う外観を持っているわけですから、著作物として扱うのも当然といえるのかもしれません。しかし、あらゆる建築物が著作物とされるわけではありません。一般的なオフィスビル、マンション、戸建住宅など、多くの建築物が著作物から除外されます。

◉ どんな場合に著作物になるのか

裁判例によると、建築物が著作物として扱われるのは、「一般住宅において通常加味される程度の美的要素を超えて、建築家・設計者の思想または感情といった文化的精神性を感得せしめるような芸術性ないし美術性を備えた場合」に限られます。つまり、建築芸術といえるような創作性を備えている場合に限り、その建築物が著作物として扱われます。

たとえば、大阪市の舞洲という場所にあるゴミ処理施設（大阪市環境局舞洲工場）の建物は、ゴミ処分場として機能していますが、その外観のデザインはウィーンの建築家フンデルト・ヴァッサー氏の手によるもので、そのデザインには、彼の人間と自然との調和に対する思いが込められているといいます。その意味では、建築芸術としての創作性を備えていると判断され、著作物として扱われる可能性が高いといえるでしょう。

これに対し、たとえ壁面に特殊な建材を使ったり、屋根を特別な形状にするなどして、他の建物とは違う独自の美しさを演出していたとしても、そこに建築家の思想や感情といったものが表現されているのでなければ、著作物にはあたりません。

◉ 増改築・修繕などは著作権者の許諾が原則不要である

著作権法で保護されている著作物を、著作者の許可なく改変することは許されません。これは同一性保持権（20ページ）を侵害することになるからです。

しかし、建築物の場合は、その劣化を放置しておくと、オフィスや住居などの目的で使用している人や、近隣の居住者などに損害を与える可能性があります。そこで、建築物については、著作者の許諾を得ずに、増改築・修繕・模様替えによる改変（工事）を行うことが認められています。ただし、経済的・実用的な理由でなく、「窓の形状が丸いのが気に入らないから四角に変えたい」などの個人的嗜好による理由から、無断で著作者の意図に反する改変を行うと、著作権（同一性保持権）侵害となりますので注意しましょう。

◉ 建築物を写真に撮ってブログに掲載した場合はどうか

建築物を写真に撮ることは、建築物の模倣（複製）には該当しませんので、その建築物が著作物であるとしても、著作権（複製権）侵害とはなりません。では、著作物にあたる建築物を写真に撮って、その写真をブログに掲載するのは、著作権侵害となるのでしょうか。

建築の著作物は、一定の場合を除いて、自由に利用することができます。「一定の場合」とは、建築の著作物を建築によって複製もしくは譲渡などすることです。したがって、建築の著作物と同じものを建築する場合は著作権者の許諾が必要ですが、建築物の写真を撮ったりその写真をブログに掲載しても、著作権侵害とはなりません。

相談 設計図は著作物にあたるか

Case 当社が見込客の住宅用に設計した設計図をもとに、他社が設計図を完成させ、顧客と契約を結びましたが、著作権侵害にならないのでしょうか。

回答 設計図も図面による表現物ですから、著作物として認められる余地はあります。しかし、すべての図面に著作物性が認められるわけではありません。著作権法には「学術的な性質を有する図面」に著作物性を認める旨の規定があります。ただ、これは著作物の例示に過ぎませんので（50ページ）、図面が「思想または感情を創作的に表現したものであって、文芸、学術、美術又は音楽の範囲に属する」ものと言うことができれば、著作物として認められます。

たとえば、一流建築家が設計した建物の設計図など芸術性の高い建築物の設計図や、表現方法に個性が発揮されて創作性が認められる設計図であれば、著作物と認められる可能性は高いといえます。

しかし、一般的な住宅用の設計図の場合は、注文者の意向に沿うように設計せざるを得ない状況にあることが多いなど、作成者が工夫する余地が少ない（個性が発揮される場面は少ない）ことから、著作物とは認められないケースがほとんどです。

したがって、一般的には住宅用の設計図は、原則として著作物とは認められず、他社が自社の設計図をもとに新たな設計図を完成させたとしても、著作権（複製権）侵害となる可能性は低いでしょう。

5 データベースや編集著作物も著作物にあたるのか

データの選び方や並べ方によっては著作物になる

◉ データベースとは何か

①氏名（法人の場合は名称）、②住所、③電話番号、④メールアドレス、⑤生年月日、⑥趣味などのような情報を集積し、コンピュータで検索しやすいように配列するなどの処理をしたものを**データベース**といいます。

データベースについては、①から⑥の情報を①の氏名（名称）の50音順で並べる方法は、一般的で誰もが思いつく方法ですから、著作物とはなりません。データベースを盗用されたとしても、著作権侵害として相手を訴えることはできないのです。データベースの盗用により損害を受けた者がいる場合には、民法上の不法行為を理由として、損害賠償を請求することになります。

しかし、自社の商品に関心を示してくれそうな人を検索するため、⑤の生年月日や⑥の趣味を使って並べた場合、「この商品はこの年代の人」「この商品はこういう趣味を持っている人」というように、作成者の独自の工夫や考え方が反映されて、目的別に探しやすいようになっていますから、著作物と認められる可能性があります。また、職業別に分類したタウンページのデータベースは、コンピュータで電話番号を職業別に検索できるようにしてあります。このため、裁判例も職業別に編集するという部分で創作性があると認め、タウンページのデータベースは「データベースの著作物」であるとしています。

このように、情報の選択や体系的な構成において創作性のあるデータベースは、著作権法上の保護を受けますから、盗用された場合には著作権侵害を理由として相手を訴えることができます。

◉ 編集著作物とはどんなものか

最近、音楽業界では「コンピレーションアルバム」と呼ばれるものが人気を集めています。コンピレーションアルバムとは、各年代に流行した楽曲のうち、「恋愛」「フォークソング」「女性歌手」「○○が作曲したもの」などといったテーマに添ったものを集めて編集したものです。このように、音楽、絵画、詩歌、俳句などの著作物や、さまざまな情報（著作物以外のものでもかまいません）を素材として集めて編集したものを**編集著作物**といいます。

◉ 編集著作物の著作権者は誰か

編集著作物に掲載されているものが著作物である場合、その著作権はそれぞれの作品の著作権者にあります。ただ、コンピレーションアルバムなどを見てもわかるように、編集著作物は、その作品の集め方や配列の仕方といった部分において、編集者の独自の工夫や考え方といったものが含まれています。このため、著作権法では「編集物でその素材の選択又は配列によって創作性を有するものは、著作物として保護する」と定め、編集著作物にも著作権を認めています。

編集著作物の場合は、編集作業に携わった人が著作権者となります。ただし、編集著作権の及ぶ範囲はあくまで「編集」部分に対するものです。それぞれの素材に認められている著作権は、編集著作物とは関係なく、依然として素材の著作権者が有しているのです。

相談 求人情報は著作物にあたるか

Case 自社の運営する求人サイトに他社のサイトに掲載されていた求人情報を転載したいのですが、著作権法上は問題ないのでしょうか。

回答 仮に、求人情報が著作物に該当する場合、他人の著作物を無断で転載すれば著作権法違反となります。しかし、求人情報が著作物に該当しない場合には、著作権法違反とはなりません。

著作物は、思想または感情を創作的に表現したものでなければなりません。ただ、ここで言う思想または感情を創作的な表現と認められるためには、何も思想や感情を高い芸術性で表現しなければならないわけではありません。表現者の個性が表れている場合は、十分に創作的な表現と認められます。

したがって、求人情報を掲載しているサイトの管理者が、創意工夫をして求人情報を作成している場合には、その求人情報は著作物と認められます。たとえば、求人情報を作成したサイトの管理者が、その情報を作成する際に、求職者が希望する職種を見つけやすいように工夫していたのであれば、その求人情報は著作物に該当するといえるでしょう。この場合には、その求人情報をサイトの管理者の許諾を得ずに転載することは著作権（複製権・公衆送信権）侵害となります。

相談 インタビュー記事の著作権者は誰か

Case 有名人へのインタビューを元に作成されたインタビュー記事の著作権者は誰になるのでしょうか。

回答 有名人のインタビュー記事は、その有名人が話したことがメインで綴られます。そのため、インタビュー記事の著作権者はその有名人であるように思われがちですが、誰が著作権者であるのかを判断するにあたっては、インタビュー記事ができあがるまでの過程をたどるとわかりやすいでしょう。

インタビュー記事を作成する場合は、まず、インタビュアーが質問内容を考えて相手に質問し、相手の回答からまた新たな質問をする、といった方法でインタビューを行います。インタビューが終了すると、次に、相手が回答した内容を吟味して取捨選択を行い、どのような内容をどのように配置して読者に伝えるかなど、記事を作成する上で必要となる創意工夫を重ねます。それから、相手による内容チェックなどを経て、完成したインタビュー記事が掲載されます。

このように、インタビューの内容、取捨選択、記事の作成という過程で創意工夫を行い、記事にまとめ上げているのは、インタビューに答えた相手ではなく、インタビュー記事を作成している記者や編集者です。したがって、インタビュー記事の著作権も、他の本や雑誌の記事などの著作物と同様、その記事を作った記者や編集者が有していると考えられています。

相談　応募作品の著作権の帰属

Case　雑誌に投稿した川柳の著作権は誰のものなのでしょうか。

回答　たとえば、雑誌の出版社が募集する「婚活」に関する川柳に応募して、最優秀賞に選ばれたとします。その応募者に対し、結婚相談所を経営者する友人から「ユニークで面白いから、ウチのキャッチフレーズとしてぜひ使わせてほしい」という申し出があった場合、応募者はその友人に川柳を使用させることができるのでしょうか。

そもそも、川柳や俳句は17文字で構成される短い文芸とはいえ、著作物であるとされていますので、原則として最初に創作した人に著作権が帰属します。したがって、川柳を最初に創作した応募者は、友人に使用を認めることができるのが原則です。

しかし、ほとんどの場合、応募規定に「採用された（応募した）作品の著作権は、出版社に帰属する」とあるはずです。この場合は、著作権（著作財産権）が応募者から雑誌の出版社に移転することになり、応募者本人の自由にはなりません。したがって、応募規定にこうした記載がある場合には、出版社の許諾を得ずに、その川柳を友人に使わせることはできなくなります。

相談　チラシのレイアウトと著作権侵害

Case　ドラッグストアが、カジュアル衣料品チェーンのチラシをそっくりマネしてチラシを作った場合、著作権の侵害になりますか。

回答　レイアウトとは、デザインや広告などで一定のスペースに各素材（写真、イラスト、図版、コピーなど）を効果的に配列することですが、それ自体は著作物ではありませんので、レイアウトを無断でマネしても、直ちに著作権侵害とはなりません。ただし、「その素材の選択または配列によって創作性を有するもの」は編集著作物となり、それをマネした場合は編集著作権の侵害となります。

もっとも、本ケースの場合は、写真・イラストなどの中心となる素材が、ドラッグストアであれば大衆薬や化粧品、衣料品チェーンであれば衣料品ということで、まったく異なっているので、基本的には編集著作権の侵害に該当しないと考えられます。道義上の問題は別にして、著作権法上は問題ないといえるでしょう。

しかし、同業種間で競合する店のチラシのレイアウトをそっくりマネして、素材までも一定の類似性が認められるような場合は、編集著作権を侵害していると主張される可能性もあります。

6 議事録や契約書、傍聴記録は著作物といえるのか

作成者の個人的な見解があるかどうかがポイント

◉ 公開されている議事録などを利用する時に問題となる

国会や各地方公共団体のホームページを見ると、各議会の本会議や委員会などの議事録が公開されています。議事録の多くは、発言者の発言した内容をそのまま記載する形で作成されており、本会議や委員会でどのような議題が審議されていたのか、どの議員がどのような発言していたのか、といったことを知ることができます。

また、企業や大学などのホームページにおいても、会議やシンポジウムなどの記録を公開しているところがあります。最近では、裁判所に赴いて裁判を傍聴し（裁判は原則として公開されているので傍聴が可能です）、その内容を記録した傍聴記録を自分のホームページやブログなどで公開している人も多いようです。

このような会議録や傍聴記録の内容を見て、自分のホームページやブログにその内容を転載し、自分の感想や意見を書きたいという人もいるでしょう。その場合に、議事録、会議録、傍聴記録が著作物にあたるかどうかが問題となります。

さらに、商品の売買契約や雇用契約などを締結したい場合や、法律的なトラブルが起こった場合に、契約書や内容証明郵便（223ページ）といった書類を作成する必要が出てくることがありますが、知識のない人がいきなりそのような書類を作成するのは困難です。そこで、検索サイトを使って見つけた書式集の中から適当なサンプルを探し、それを元に作成したいと考える人も多いでしょう。

この場合に、元となる書式集などの文書が著作物にあたるのかどうかが問題になります。

◉ 議事録や傍聴日記は著作物といえるのか

議事録・会議録・傍聴記録といったものには、いくつかの形式があります。前述したような会議などの音声を録音し、それをほぼそのまま書き起こしたものの他、発言内容を要約して時系列で記録したもの、会議などの概要だけをまとめたものとなどが挙げられます。

いずれの形式を採用していても、これらは実際に起こった事象を記録したり伝達することを目的とするものですから、著作物には該当しません。議事録や会議録などの中には、体裁や見出しをつけて重要な部分を把握しやすくする、図表化して一目で内容をつかめるようにする、必要な情報を分類して記載する、といった作成者の独自の工夫がされているものもあります。しかし、その工夫は「思想や感情を創作的に表現したもの」とまではいえないので著作物とはならないというのが一般的な見方です。

ただし、裁判の傍聴記録などの場合は、当事者や証人の尋問を聞いたときの感想や、判決に対する意見などを加え、作成者独自の表現で記載しているものもあります。したがって、その内容によっては著作物と判断される可能性がありますので注意が必要です。

一方、契約書や約款、内容証明郵便などは、その内容によってさまざまな工夫がされていますが、そこに作成者の感情や思想といったものが入る余地はほぼありません。このため、著作権法上の著作物として扱われることはまずないでしょう。

相談　法律・条例などの条文の無断掲載と著作権侵害

Case　法律の条文は無断で利用・掲載できるものでしょうか。

回答　インターネット上のWebサイトには、憲法・法律・条例などの条文を紹介するものが多数見受けられますが、その掲載について誰かの許諾をもらっているのでしょうか。

国会が定める法律や地方公共団体が定める条例などの条文も、立法に携わる人たちが知的労苦を重ねて創り出した著作物といえるものです。しかし、憲法・法律・条例などは、その性質上、国民がよく知り、よく利用することが期待されています。そのように広く国民に周知されるべき憲法・法律・条例などの条文については、著作物であっても、著作権法上の保護を受けないことになっています。

したがって、インターネット上のWebサイトに、憲法・法律・条例などの条文を掲載する場合、誰の許諾を得ることも必要ありません。

ただし、一般の私人や新聞社などが作った憲法改正の私案などは、まだ憲法などの条文になっていませんから、通常の著作物と同じ保護を受けます。したがって、憲法改正の私案などを無断掲載すると、著作権（複製権・公衆送信権）侵害となる可能性があります。

相談　私的利用目的と無断録音

Case　勉強のために大学の先生の講義を先生に無断で録音した場合、著作権侵害となるのでしょうか。

回答　大学の講義や専門家のセミナーなどの講演は、著作権法上の「小説、脚本、論文、講演その他の言語の著作物」のうち「講演」にあたることから、著作物性が認められます。

そして、著作物を著作権者に無断で録音・録画する行為は、著作権者が有する複製権を害することになりますから、著作権（複製権）侵害となります。

ただし、私的に利用する目的で録音・録画した場合は、著作権侵害となりません。したがって、大学の先生の講義を先生に無断で録音したとしても、それが復習のためにという自分自身のために行っている限りは、私的利用の範囲内ですから、著作権侵害となりません。

もっとも、実際に講義や講演が行われる教室や会場では、録音・録画を禁止しているケースもあります。その場合、著作権法上は著作権侵害とはならないからと言って、大学側や主催者側の意向を無視して録音・録画することは慎むべきです。講義・講演の録音・録画をしたい場合には、私的利用のために録音・録画したい旨を申し出て、事前に確認しておくべきでしょう。

なお、俳優・舞踏家・演奏家・歌手などの実演家による実演を無断録音・録画する行為は、実演家が有する著作隣接権のひとつである録音権・録画権（139ページ）を侵害します。

第３章

著作権の効力と帰属

1 著作権にはどのような効力があるのか

著作者が死亡してから70年後に消滅することになった

◉ 著作物は永遠だが著作権には寿命がある

著作権は永久不滅の権利ではなく、一定期間の経過によって消滅します。その後は、社会全体の共有財産となるのです。

財産権の中で基本となるのは所有権でしょう。土地や建物などの不動産、パソコンや指輪などの動産に対する所有権は、権利者（所有者）が死亡しても相続人が相続するので、消滅することなく子孫に受け継がれていきます。つまり、所有権自体は消滅しないといえます。

これに対し、著作権の場合は事情が異なります。著作物は、個人の財産であるのと同時に、文化の発展に貢献するものでもあることを考えると、永久に特定の者に独占させておくことは適切でないのです。

そのため、著作権については、人間の一生のように寿命があり、発生から消滅までが著作権法によって定められています。

① 著作権の発生（誕生）

著作権は、著作物を創作した時点で発生します（無方式主義）。特許権をはじめとする産業財産権が、特許庁で登録されることによって発生する（方式主義）とは異なります。

② 著作権の消滅（存続期間）

著作権は、著作者の死亡後50年を経過すると消滅するのが原則です。ただし、創作された著作物が50年以内に公表されなかった場合は、著作物の創作後50年を経過すると消滅します。また、無名・変名（周知の変名は除く）の場合や、著作物が団体名義の場合は、著作物の公表後50年を経過すると消滅します。

もっとも、TPP11協定を受けた整備法（TPP整備法の改正）が2018

年６月に成立し、著作物の存続期間（保護期間）の「50年」が「70年」に延長された点に注意を要します（45ページ）。整備法はTPP11協定の発効日に施行されるので、施行日の時点で著作権が消滅していない著作物は、その存続期間が70年に延長されます。一方、施行日までに消滅した著作権が復活することはありません。

◉ 著作権を侵害すると民事・刑事上の責任を負う

著作権は、著作物を独占的かつ排他的に利用することができる権利です。そのため、著作権者の許諾を得ずに著作物を利用すると、民事責任や刑事責任が発生します。

民事責任について、著作権者は、侵害者または侵害するおそれがある者に対して、侵害行為の停止や予防を請求することができます（差止請求権）。また、損害が発生している場合は、損害賠償を請求することもできます。この場合、侵害行為により侵害者の得た利益の額が、著作権者が受けた損害の額であると推定されます。

刑事責任について、故意に（わざと）侵害行為をした者には、刑事罰が科されます。

■ 著作権の保護期間（TPP11協定の発効後）

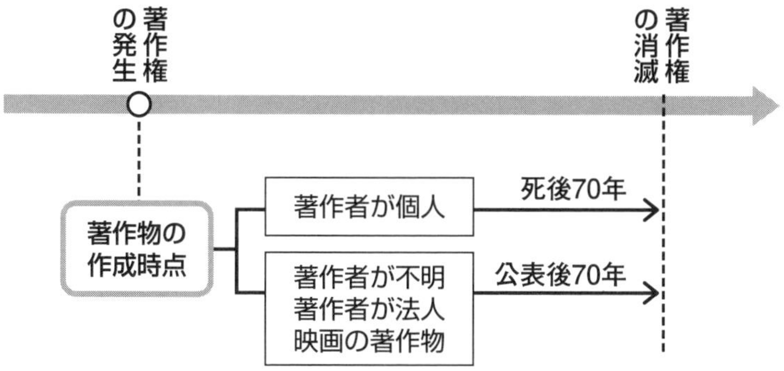

◉ 著作権の存続期間が終了しているかどうかの判断

著作権は、著作物の創作時から存続期間（保護期間）が始まり、所定の存続期間が過ぎると消滅します。前述のように、著作権の存続期間は、著作者の死後50年間（TPP11協定の発効日からは著作者の死後70年間）とするのが原則です。ただし、著作者が複数いる場合は、最後に亡くなった著作者の死後50年間（TPP11協定の発効日からは最後に亡くなった著作者の死後70年間）が存続期間となります。

たとえば、大正時代の書物に掲載されている絵画を自分の小説の挿絵に使用したい場合でも、その絵画の著作者が誰なのか、その著作者が亡くなった年月日はいつなのかを調べる必要があります。もし著作権の存続期間が継続している場合は、著作者の相続人など著作権を管理している個人や団体を探して、その許諾を得る必要があります。

一方、著作権が消滅していれば、許諾を得たり、使用料を支払ったりしなくても、著作物を利用することができます。ただし、著作物を勝手に改変したり、著作者の名誉を傷つけたりすることは、著作者人格権の侵害（20ページ）となり得ますので注意してください。

◉ 改正法の施行前と施行後で取扱いが違う

著作物のうち映画の著作権は「公表後70年」という例外規定があります。これは2003年の著作権法改正によるもので、改正前は「公表後50年」でした。このため、改正施行前の2003年12月31日までに公表後50年を経過した映画は、そのまま存続期間が終了したものとして扱われるのに対し、改正施行後の2004年１月１日以降に公表後50年を経過する作品は、存続期間が公表後70年に延長されています。たとえば、1953年に劇場公開となった映画「ローマの休日」や「シェーン」などは、公表後50年、つまり2003年12月31日をもって存続期間が終了したものとして扱われています。

相談　著作権の存続期間（保護期間）

Case　著作権の存続期間が経過した第二次世界大戦中のアメリカの小説を翻訳した場合、著作権侵害の問題は生じるのでしょうか。

回答　外国の著作物は、①著作者が日本国民の場合、②著作物を最初に日本国内で発行した場合、③条約（ベルヌ条約など）により日本が保護の義務を負う場合に、日本の著作権法で保護されます。しかし、どれにも該当しない著作物は、日本の著作権法の保護が及びません。原作者の許諾を得ずに翻訳しても、日本では著作権（翻訳権）侵害の問題は生じません。

また、日本の著作権法で保護される外国の著作物でも、存続期間（82ページ）を経過した著作物を翻訳する場合は、著作権侵害の問題が生じません。ただ、第二次世界大戦の連合国の著作物は、存続期間を経過しても、サンフランシスコ平和条約の発効日（アメリカは1952年４月28日）の前日までに著作権を取得していれば「戦時加算」（翻訳権はさらに６か月を加算）が行われるため、著作権が消滅していない場合があります（アメリカは最大3794日を加算、翻訳権はこれに６か月を加算）。

しかし、1970年12月31日以前の出版物は、刊行時から10年以内（アメリカ以外の連合国は戦時加算をします）に日本国内で翻訳出版が行われなければ、翻訳権が消滅するため（翻訳権10年留保）、小説がこれに該当すれば自由に翻訳可能です。

相談　団体名義で公表された著作物と存続期間

Case　会社名義の著作物を公表から５年後に、著作者の実名で公表した場合、著作権の存続期間（保護期間）はどうなりますか。

回答 団体名義で公表された著作物であっても、著作物を創作した個人の著作者が、団体名義の存続期間内（公表後50年、TPP11発効後は公表後70年）に、自分の実名または周知の変名（著名なペンネームなど）を著作者名として表示して著作物を公表した場合、団体名義の存続期間は適用されません。この場合は原則に従い、著作権の存続期間が存続します（公表後50年、TPP11発効後は公表後70年）。

相談 著作権保護期間内にある有名画家の作風の類似と著作権侵害

Case 有名な画家の作風・画風をマネしてポスターを作成した場合、著作権を侵害したことになるのでしょうか。

回答 絵画やイラストレーションその他美術の著作物の著作権の保護期間は、著作者の死後50年（TPP11発効後は死後70年）です。したがって、没後500年程度が経過し、著作権の切れたレオナルド・ダビンチの作風・画風をマネることはもちろん、あのモナ・リザをそっくりそのまま描いても著作権侵害にはなりません。

しかし、これが1973年に亡くなり、まだ著作権の保護期間にあるピカソの絵だったらどうでしょうか。著作物は「表現したもの」であることが要件ですので、単なる技法であり表現そのものとはいえない作風・画風には著作権が生じません。したがって、ピカソのあの特異なデフォルメの仕方をマネして人物や風景などを描いても、たとえば和服の女性と東京スカイツリーがテーマであれば、作風が類似しているだけとなり、著作権侵害になりません。

これに対し、ピカソの描いた絵の構図（コンポジション）までマネると、著作権（複製権・翻案権）侵害の可能性が高くなります。

2 著作者とは誰のことを意味するのか

著作物を創作した者が著作者である

◉ 著作者とはどのような者を指すのか

著作者となるためには、著作権法上の保護の対象となる著作物を創作しなければなりません。裏を返せば、著作権は著作物を創作するだけで発生する権利だといえますから、著作物を創作した者が最初に著作権を取得します。この著作物を自ら創作した者を**著作者**といい、著作権は著作者に原始的に帰属します。

ここで「著作物を創作した」というためには、実際に自らが主体となって著作物を作成（制作）していたことが必要です。つまり、アシスタントをしていただけの者（補助者）や、資金や材料を提供しただけの者（スポンサー）などは、著作者とはいえないのです。

◉ 法人が著作者となる場合もある

著作者となるのは、単独の自然人（法律上の権利義務を負担することができる団体のことを「法人」と呼ぶのに対し、私たち人間のことを「自然人」と呼びます）とは限りません。最近では、著作物の創作といっても、会社などの法人がその事業として行うことや、複数の者が協力して行うことが増えています。では、法人の事業として著作物を創作した場合、著作権の帰属はどのようになるのでしょうか。

法人における著作物の創作は自然人（従業員など）によって行われます。しかし、法人が創作を企画し、素材、人員、資金などを提供するケースが多く存在します。そこで、著作権法では、一定の要件を満たした場合に、自然人でなく法人自体を著作者とし、その法人に著作権を原始的に帰属させることにしています（89ページ）。

◉ 共同著作物の場合は特別の扱いがなされる

著作物は、複数の者の協力によって創作される場合があり、共同著作物と結合著作物とに分類することができます。

① 共同著作物と結合著作物

共同著作物とは、複数人が共同で創作し、それぞれの貢献分を分けて考えることができない１つの著作物です。たとえば、ＡＢ２人の漫画家が一緒に１つの漫画を制作する場合です。このとき、Ａが勝手に単独名で漫画を公表しても、Ｂも漫画の著作権を主張することができます。ただし、Ａが主導権を握り、ＢはＡの指示に従って手伝っただけの場合は、Ｂが著作権を主張できないこともあります。

これに対し、共同著作物と似て非なるものに、**結合著作物**というものがあります。結合著作物とは、それぞれの貢献分を分けて考えることができる著作物をいいます。たとえば、１つの歌謡曲の作曲と作詞を別々の者が担当した場合です。これは共同著作物として扱わず、作曲と作詞を別々の著作物として扱うことに注意してください。

② 共同著作物に該当する場合

ある著作物が共同著作物に該当する場合、著作権については、著作者が単独の場合とは異なった取扱いとなります。

まず、狭義の著作権（著作財産権）の存続期間（保護期間）は、最後の共同著作者の死後50年（TPP11発効後は死後70年）が原則となります。次に、著作者人格権は、著作者全員が合意しなければ行使できません。また、狭義の著作権（著作財産権）は、共同著作者全員が共有することになるため、その行使についても全員の合意によらなければなりません。

さらに、共同著作者の１人が自分の持分を第三者に譲渡し、または質権などの担保権を設定するには、他の共同著作者の同意が必要です。ただし、正当な理由がなければ、ここでの合意や同意を拒絶できないことになっています。

3 仕事で作った原稿の著作権はどうなる

従業員が創作したものでも会社が著作者となる場合がある

◉ 職務著作とは何か

会社の業務の一環で著作物を作成することを**職務著作**といいます。職務著作による著作物の著作権は、作成者（従業員）でなく、作成者を雇用する会社に帰属します。具体的には、次のものを作成した場合に、職務著作として扱われる可能性があります。

ⓐ　会社の社内報に掲載するための短編小説を執筆した

ⓑ　自社で販売する商品を紹介するためのパンフレットやポスターを作成した

ⓒ　玩具会社で販売するおもちゃの企画立案、デザインの考案、試作品の製作を行った

ⓓ　社内で使用する給与計算システムのプログラムを開発した

ⓔ　新聞社や雑誌社などに掲載する記事を執筆した

◉ 職務著作となる場合とは

著作権法では、創作された著作物が職務著作となり、著作者が「法人その他使用者」（法人等）となるための要件として、次の①～④を挙げています。ここで言う「法人等」とは、基本的には勤務先の会社（企業）のことであると考えてよいでしょう。

①　著作物の作成が法人等の発意に基づくこと

法人等が著作物を作成するよう業務命令を出したり、著作物の企画立案を行っている場合に、この条件を満たすことになります。

②　法人等の業務に従事する者が職務上作成する著作物であること

ここで言う「法人等の業務に従事する者」には、法人等と雇用契約

を締結している者（従業員）だけでなく、法人等の指揮監督下で職務を行う者も含まれます。したがって、請負契約や委任契約に基づいて法人等の職務を行う者であっても、法人等の指揮監督下にあれば「法人等の業務に従事する者」にあたる可能性があります。

たとえば、前述したⓑの事例として、企業から商品をＰＲするためのポスターの制作を、請負契約の形式で請け負った場合を考えてみましょう。完成させたポスターは、通常は美術の著作物にあたると考えられ、著作権が発生します。このとき、ポスターが企業の発意による制作であれば、製作者が企業とは雇用関係のない請負人であるとしても、企業の指揮監督下で制作業務を行っていた場合は、②の要件を満たす（法人等が著作者となる）可能性があります。

また、法人等の「職務上作成する」ことが要件ですから、法人等の職務とは無関係に作成された著作物の著作権が法人等に帰属せず、作成者に帰属することに注意を要します（92ページ）。

③　法人等が自己を著作者として公表するものであること

作成された著作物を公表するに際し、「この作品の著作権は株式会社○○に帰属します」などの表示を行うことをいいます。一方、法人等の従業員など個人の氏名を著作者として表示した場合には、著作物の

■ 職務著作

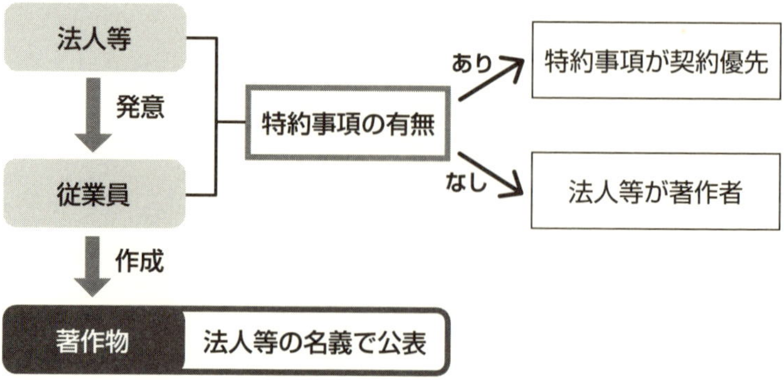

著作者はその個人となり、法人等は著作者となりません。

④　**作成時における契約、勤務規則その他に特約事項がないこと**

雇用契約書・請負契約書や就業規則などに、「業務上作成した著作物についての著作権は、著作物を創作した者に帰属する」といった特約事項が置かれていないことが必要です（次ページ）。

さらに、雇用契約書や請負契約書などには特約事項がなくても、著作物を作成する時点で著作権に関する特約事項を取り決めていた場合には、その特約事項が優先されます（④の要件を満たさないと判断されます）。

以上の４つの要件をすべて満たしていれば、著作物が職務著作として扱われ、その著作権は法人等が取得することになります（法人等に原始的に帰属します）。なお、該当の著作物が「プログラムの著作物」である場合は、③の要件を満たしていなくても、①②④の要件を満たしていれば、その著作物が職務著作となります。

■ 法人等（会社など）が著作者となるための要件 …………………

①法人等の発意によること	著作物の作成を法人等が企画立案して、その作成をするように業務命令を発すること
②業務に従事する者により職務上作成されたものであること	法人等の業務に従事する者（原則は雇用関係にある者）が、その法人等の職務として作成されたものであることが必要。常勤か非常勤かは問われない
③法人名義で公表されるものであること	法人等の名義で公表されることが必要である。未公表のものでも、これから公表が予定されているのであればかまわない
④契約や勤務規則などの別段の規定がないこと	契約や勤務規則などで「従業員を著作者とする」といった別段の規定（特約事項）がないこと

◉ 例外的に個人に著作権が帰属する場合

従業員が会社の業務の関係で創作した「職務著作」に該当する著作物の著作権は、法人等に帰属することになりますが、例外的に創作した従業員など個人に著作権が帰属することがあります。

たとえば、前述したⓐの事例において、掲載する短編小説を業務命令でなく自分の趣味で創作した場合です。社内報を作成するのが従業員の業務であり、上司から「短編小説を書くように」と命令されたのであれば職務著作にあたります。しかし、空きスペースに何を掲載するかを検討していた際に、自分が以前から書きためていた短編小説を持参し、それが採用されて掲載することになった場合は、職務著作にあたりません。これは、短編小説は従業員が自ら進んで書いたものであって、上司から命じられて書いたものではないからです。

では、仕事の役立つという理由で、会社の休憩時間などを使って給与計算のシステムを開発し、実際の業務でそのシステムを使用することが許可された場合はどうでしょうか。この場合、システムの使用を命じたのは会社かもしれませんが、開発そのものを行うよう命じたわけではありません。また、開発作業は休憩時間などを使用していたわけですから、職務上作成したともいえません。したがって、システムの著作権は、開発した従業員個人に帰属することになります。

◉ 著作者は誰になるのかを明記する必要がある

前述のように「従業員が作成した著作物の著作権は従業員に帰属する」という内容の就業規則などがある会社では、他の職務著作の要件を満たしていても、従業員個人が著作物の著作権者となります。

複数の従業員が著作物の作成に携わった場合は、権利関係が複雑になりがちです。職務著作になるとしても、事前に雇用契約書や就業規則などで、従業員が職務上作成した著作物の著作者が誰になるのかを明記し、トラブルを未然に防ぐ工夫をする必要があります。

4 著作者不明の著作物の著作権はどうなる

著作者不明の場合は文化庁長官の裁定で著作物を利用できる

◉ どのような場合に問題になるのか

ある著作物を利用したくても、著作者が誰なのかがわからず、許諾を得ることができない場合があります。この場合、そのままその著作物を利用してもよいのか、迷う人も多いのではないでしょうか。

とくに、自身のブログ、ホームページ、SNSなどを持っている人の中には、自身のサイトに他人の著作物を掲載したいと考えても、誰の許諾を得ればよいのかがわからない場合も多いようです。

このように、著作者が誰であるかわからない場合においても、著作者がいるのに（著作権の存続期間が経過していないのに）無断で用いてしまった、という事態になることは避けたいものです。

また、どうしても著作物の著作者がわからないケースでは、その著作物を利用しても著作権侵害とならないこともあり得ます。もし著作権侵害にならないことが判明すれば、堂々とその著作物を利用することができるわけですから、著作権侵害の有無については、はっきりと知りたいところでしょう。

◉ 怪談や都市伝説などに著作権はあるのか

その土地で語り継がれてきた怪談、民話、言い伝え、都市伝説などの物語は、不特定多数の人が関与し、長い年月をかけて作り上げられたもので、一般に著作者を特定することができません。また、そのような物語は、文章や映像などの形になっておらず、著作物にあたらないことから、そのような物語について著作権法上の問題は生じないと解釈されています。したがって、自身のブログ、ホームページ、SNS

などにそのような物語を文章化して掲載しても、著作権法違反とはならず、掲載した文章は自身の著作物となります。

しかし、そのような物語を他人が文章化して掲載している場合、掲載した文章はその他人の著作物となるため、無断利用は著作権（複製権・公衆送信権）侵害となることに注意を要します（次ページ図）。

◉ 著作権者不明等の場合の裁定制度とは

著作者が不明な場合であっても、誰かが書いた文章、誰かが撮影した写真、誰かが描いた絵・イラストなどであることに間違いはありませんから、これらの著作物について著作権自体は存在しています。

しかし、著作者が誰であるのかがはっきりしないので、著作者を見つけ出して、その許諾を得ることは難しいでしょう。この場合に、著作権を侵害することなく著作物を利用するための制度として、著作権法では「著作権者不明等の場合の裁定制度」が設けられています。

具体的には、以下の①②の要件にすべて該当する場合は、文化庁長官の裁定を受けることで、著作権者の許諾を得なくても、著作権を侵害することなく著作物を利用することができます。

①　公表された著作物であるか、相当期間にわたり公衆に提供（提示）されていた著作物であること

公衆に提供（提示）された著作物とは、相当期間にわたり世間に流布されている著作物のことを指します。たとえば、美術館で展示されている絵画や彫刻などが該当します。

②　著作者不明などの理由により、相当な努力を払っても、著作権者と連絡をとることができない場合であること

申請者が相当な努力をしても著作権者と連絡がとれない場合の例として、著作者は判明しているが行方不明である場合、著作者の死亡後に相続により著作権を取得した著作権者が不明である場合、著作権が次々に譲渡されたために現在の著作権者が特定できない場合などが挙げられます。このような著作物を権利者不明等著作物（孤児著作物）と呼ぶことがありますが、その利用方法の問題を解決するために設けられたのが文化庁長官による裁定制度です。

◉ 補償金の供託とは

上記の文化庁長官の裁定を受けたとしても、使用料相当額としての補償金を供託しなければ、著作物を利用することができません。補償金の額は裁定の際に文化庁長官が決定します。

なお、2018年の著作権法改正で、権利者不明等著作物を利用するのが国や地方公共団体である場合は、文化庁長官の裁定を受けるにあたり補償金の供託が不要となりました。

■ 著作者を特定できない場合や著作者不明の場合 ……………………

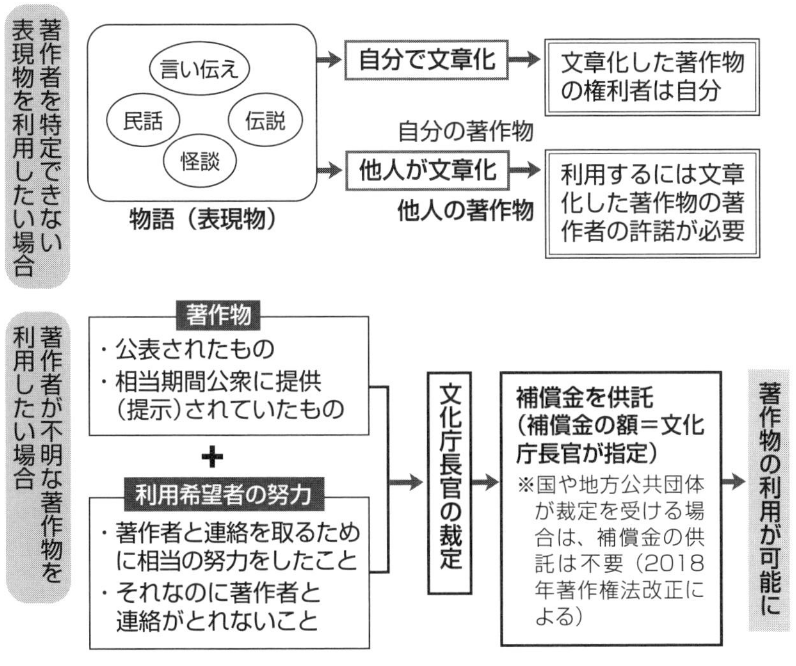

Column

TPP11の発効

経済分野だけでなく著作権などの知的財産などさまざまな分野に渡る国際的な取り決めとして取りまとめられた、環太平洋パートナーシップ協定（TPP）に、日本は2016年２月署名しました。しかし、その後にアメリカが脱退を表明し、TPPの発効が実現困難になったことから、アメリカを除く11か国の間で、実質的にTPPと同内容の連携協定を、取りまとめる動きが起こり、2018年３月に、我が国を含む参加11か国の関係閣僚が、署名することにより、環太平洋パートナーシップに関する包括的及び先進的な協定（TPP11協定）として成立しました。

TPP11における、著作権法に関する取り決めの内容は、TPP協定の内容を踏襲しています。主な改正点は、①本文でも取り上げたように、書籍や音楽などの著作物に関して、著作権の保護期間が、50年から70年に延長されます。これにより、これらの著作物の保護期間が、映画の著作物と同様の保護期間に服することになります。また、②著作物に対する、技術的なアクセス制限措置（アクセスコントロール）について、権限なくこの措置を回避する行為が、著作権侵害行為に含まれます。さらに、③有償著作物（映画や小説など販売中の著作物）について、著作者の利益を害する目的で、譲渡・公衆送信・複製などをするという著作権侵害行為に対する刑罰が非親告罪になります。つまり、著作権者が処罰を望むか否かにかかわらず、侵害行為者には、刑事罰が科されるおそれがあります。

2018年６月27日に、TPP11協定を受けた整備法として、TPP関連法が成立し、TPP11協定は2018年中の発効をめざしています。TPP11関連法によると、上記の著作権法に関する改正に関して、TPP11協定の発効日から施行すると規定されています。

第４章

著作権ビジネスと契約の法律知識

1 著作権の活用方法を知っておこう

著作権を譲渡して対価を得るという利用のしかたもある

◉ 著作権を活用して利益を得る

著作者が努力を重ね、才能を活かして著作物を創作しても、それを上手に世の中に売り込まないと、利益は生み出されません。とくに芸術家などは、著作物を複製、頒布する方法を熟知していないことが多いので、他者と交渉して著作権を活用する必要があります。

ここでは、著作権の活用方法について見ていきましょう。

◉ 著作権の譲渡・担保権設定

土地の所有権の譲渡と同じく、著作権（著作財産権）を譲渡して対価を得ることができます（著作者人格権は譲渡不可です）。著作権として認められる権利の全部を一括して譲渡する方法の他に、その一部を分離して譲渡する方法も可能です。また、著作権に質権などの担保権を設定することもできます（質入れ）。

◉ 著作物の利用を認める契約

他人が著作物を利用する旨を認める契約を締結して対価を得る方法もあります。この契約には２種類の方法があります。

①　著作物利用許諾契約（ライセンス契約）

他人に対して、著作物の利用を認める契約です。Ａとだけ契約を結んで利用を認める方法もあれば、Ａ・Ｂ・Ｃ…というように複数の者と契約して、それぞれに著作物の利用を認める方法もあります。

②　出版権設定契約

出版できる著作物について、特定の者（出版権者）に出版権を設定する契約です。出版権者は、設定行為（出版権設定契約）で定めたところにより、頒布の目的をもって、著作物を原作のまま文書または図画として複製することができます。このような出版行為には、著作物を紙媒体に複製して頒布することの他、著作物をデータ化してDVDやCD-ROMなどに複製して頒布することも含みます。さらに、著作物をデータ化して公衆送信行為をすること（インターネット上で閲覧することが可能な状態に置くこと）も出版行為に含まれ、電子書籍の形態をとる（電子出版）場合も出版権を設定することになります。

そして、出版権は排他的・独占的な権利であって、出版権者の許諾なく出版行為をする第三者に対しては、差止請求や損害賠償請求ができます。著作権者自身であっても、出版権者の許諾なく出版行為をすることはできませんし、第三者に対して出版行為を許諾することもできません。この点が①の著作物利用許諾契約と異なるところです。

このように出版権は効力の強い権利なので、設定行為で存続期間の定めがない場合には、最初に出版されてから３年間で消滅することとされています。

■ 著作権の活用方法

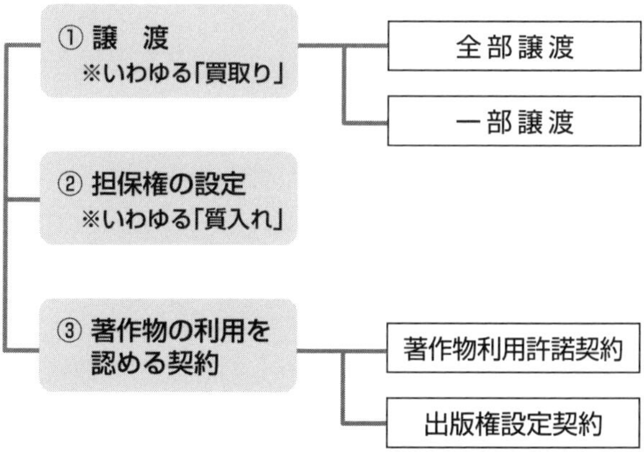

相談 著作権の譲渡

Case 著作権を譲り受ける場合、どのような点に注意すればよいのでしょうか。

回答 著作権は売買の対象となりますが、一見して誰が著作権を持っているのかがわかりにくいので譲り受ける場合にはとくに注意が必要です。

宝石や貴金属などの売買は目の前に売買の対象物があるため、二重譲渡される危険性はありませんが、著作権の場合、たとえ目の前に原稿や楽譜などがあったとしても、著作権そのものをその人が有している根拠とはなりません。

ただ、著作権は登録することができます。この登録制度は文化庁が管轄しています（238ページ）。したがって、著作権を譲り受ける際には、まずその著作権の登録の有無を確認するとよいでしょう。登録されている場合には、著作権を有している人が誰かを確認します。これが譲渡人以外の場合には、二重譲渡の可能性もありますから、事実関係を詳しく確認するべきでしょう。一方、譲渡人が著作権を有していることが判明すれば、その著作権を譲り受けても問題ないでしょう。

著作権を譲り受けたら、その著作権が文化庁に登録されていない場合も含め、自分が取得したことを第三者にも主張できるようにするため、速やかに登録するようにしましょう。

相談 違法な複製物の売却と譲渡権侵害

Case デパートで買った絵画を売却したところ、作者から「違法複製物の無断売却は譲渡権を侵害する」と言われましたが、どうすればよいのでしょうか。

回答 著作物は売買の対象となりますが、本ケースにおける著作物は絵画ですから、絵画で話を進めます。絵画の作者によると、買った絵画が原画（原作品）でなく違法に複製されたものであるようです。

作者は「違法複製物を著作権者の許諾を得ずに譲渡ずれば著作権侵害となる」と主張しています。結論から言うと、事情によっては著作権侵害となりますが、著作権侵害とならない場合もあります。これを念頭に入れて、絵画の譲渡について見ていきましょう。

作者が絵画を描いた時点では、作者が絵画の著作者かつ著作権者ですから、作者は絵画について著作権のひとつである譲渡権を有しています。そして、著作権法上の譲渡権は、原作品を公衆に譲渡する権利に加えて、原作品の複製物を公衆に譲渡する権利も含んでいます。

したがって、複製物の譲渡は著作権侵害となりますが、作者が複製物の譲渡に許諾を与えることができますので、適法な複製物が存在することもあり得ます。しかし、作者は「違法複製物の無断売却」と言っていますから、本ケースの絵画は適法な複製物ではないということになります。

著作権法では、著作権者が原作品やその複製物を適法に譲渡した場合には、譲渡された原作品やその複製物について、著作権者が有していた譲渡権が消滅するとしています（譲渡権の消尽）。これにより、適法に購入した絵画や書籍を誰かに売却（転売）する場合に、著作権者の許諾を得る必要がなくなります。しかし、本ケースの絵画は違法複製物ということですから、譲渡権の消尽も認められません。

もっとも、著作権法では、原作品やその複製物を転売しても、それらを譲り受けた当時、譲渡権侵害の事実を知らず、かつ知らないことに過失がなかった場合（善意無過失）には、転売者は譲渡権を侵害したことにならないとしています。したがって、デパートで絵画を購入した当時、違法複製物であることについて善意無過失であれば、その絵画を売却しても著作権法上の責任を負う必要はありません。

相談　著作権への担保権設定

Case　著作権を担保にお金を借りたいのですが、どうすればよいのでしょうか。

回答　担保とは、債務者が債務を履行できなかった場合に備えて債権者に提供するもので、抵当権や質権などの種類があります。本ケースのようにお金を借りる場合に、貸主である債権者としては、借主である債務者が返済できなくなったら、その代わりに担保として差し出したものを競売や売却するなどの方法で現金化できると、安心してお金を貸すことができます。借主の側としても、担保を提供することでお金を借りやすくなるため、よく利用されています。

著作権を担保とする場合、対象となる著作権に質権を設定することになります。質権を設定する時に、とくに定めない限り、借主（質権を設定した著作権者）は、質権の設定後も著作権を行使することができます。借りたお金を滞りなく返済するためにも、著作権を行使する権利は自身のもとにとどめておいた方がよいでしょう。

以上のように、著作権に質権を設定してお金を借りた場合、著作権者は著作物の利用料（ライセンス料）などを受け取りながら、借金を返済することができます。このため、目的物を相手の占有下に移さなければならない動産の質権と比べて、利用するメリットが多いといえます。

2 利用（使用）許諾契約を結ぶことが必要である

利用方法によっては著作者人格権者への配慮も必要になる

◉ コンテンツビジネスには全権利者の許諾がいる

コンテンツの利用にあたっては、著作権法などの法律に従う必要があります。ただ、利用対象となる著作物、その利用方法、利用に際する契約の方式によって、注意すべき点も異なります。

たとえば、事業者Xが、各種のコンテンツを使ってインターネット上の事業を展開しようとしているとします。

Xの利用したいコンテンツが音楽である場合、その音楽を利用するためには、著作権者の許諾を得なければなりません。ただ、JASRAC（240ページ）に著作権の管理を委託している音楽（JASRAC管理作品）については、JASRACの利用許諾を得ることで、作曲家・作詞家の利用許諾に代えることができます。

しかし、多くの場合は、作曲家・作詞家の他にも権利者がいます。たとえば、CD音源をそのまま利用する際は、著作隣接権がレコード会社、実演家（歌手など）に発生しているので、それらの者の許諾も必要になるのです。また、送信可能化権との関係もあり、これは音楽の場合だけでなく、映画に関連している場合にも問題となります。

◉ 著作者人格権にも配慮が必要である

前述の例では、Xが音楽を利用したい場合を挙げました。ただ、Xが音楽をそのまま利用したいだけではなく、編曲をするなどの改変を加えたい場合には、さらに別の許諾も必要になる可能性があります。

著作者には、財産権としての著作権（著作財産権または狭義の著作権）の他に、著作者の人格に結びついた著作者人格権が認められています。この著作者人格権のひとつとして、著作物に対する同一性保持権が保障されています。そのため、著作物を改変して公にする場合には、元の著作物の著作者（著作者人格権者）の許諾が必要になるのです。財産権としての著作権は譲渡ができることから、著作権者と著作者人格権者とが同じであるとは限らないので注意しましょう。

また、著作者人格権者とは別に実演家（歌手や演奏家）がいる場合には、その人に実演家人格権のひとつとして同一性保持権が認められるので、改変に際して実演家の許諾が必要になるケースもあります。

著作権者としては、複数の利用者にコンテンツを利用させ、ライセンス料を徴収した方が有利な場合が多いといえます。しかし、利用者としてみれば、コンテンツを独占した方が収益は高くなります。

そこで、利用許諾契約（ソフトウェアなどのデジタルコンテンツでは使用許諾契約と呼ぶことが多いようです）を締結するにあたって、利用者としては独占的利用権（独占的使用権）の設定を受ける方が有利となるでしょう。しかし、とりわけインターネット上での音楽などの配信については、多くの配信先（利用者）に利用させる方が、より多くの利用者を獲得することができます。そのため、独占的利用権の設定を受けることができるケースは少ないといえるでしょう。

■ コンテンツの利用・改変と利用（使用）許諾契約

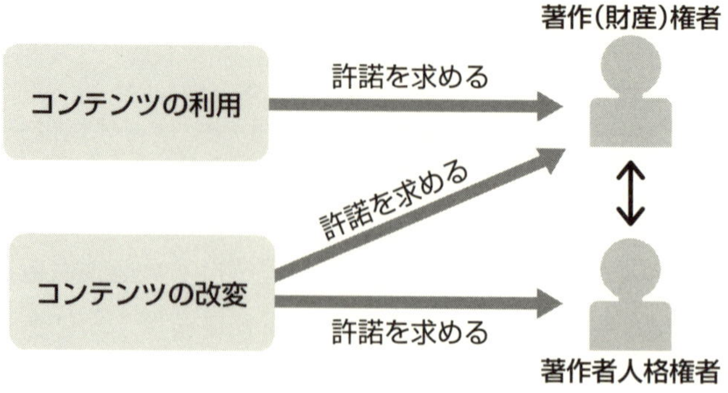

書式　ソフトウェア使用許諾契約書

使用許諾契約書

株式会社○○○○（以下「甲」という）と株式会社○○（以下「乙」という）は、甲が著作権を有するソフトウェア「○○○○」（以下「本件ソフトウェア」という）について、以下の通り、使用許諾契約（以下「本契約」という）を締結した。

第1条（目的） 甲は、乙に対して、本件ソフトウェア（範囲については別添目録記載）の非独占的使用権を付与し、乙は、甲に対して、ライセンス料を支払う。

第2条（内容） 乙は、本件ソフトウェアを、次の範囲で使用することができる。

① 本件ソフトウェアを日本国内に設置された1台のコンピュータにインストールすること

② 本件ソフトウェアを同時に使用しない場合、日本国内に設置された複数台のコンピュータにインストールすること

2 乙は、前項の範囲内での業務目的を達成するために、バックアップのための本件ソフトウェアの複製品及びドキュメンテーション（範囲については別添目録記載）を作成することができる。

3 乙は、本件ソフトウェアを譲渡する場合、譲渡される第三者に本契約を同意させるとともに、乙のコンピュータにインストールした本件ソフトウェア及びバックアップをすべて消去するものとする。

第3条（期間） 本契約の有効期間は、平成○○年○月○日より○年間とする。

2 前項の期間満了1か月前までに、甲又は乙から相手方に対して、書面による更新拒絶の意思表示をしない限り、本契約は同一の条件をもって○年間更新されたものとみなし、以後も同様とする。

第４条（引渡）　甲は、平成○○年○月○日に、本件ソフトウェアを引き渡す。

第５条（検査）　乙は、前条の引渡の後、遅滞なく、本件ソフトウェアに不具合等の問題がないか、並びに別添目録記載の仕様及びドキュメンテーション記載との適合性を検査する。

２　乙は、前項の検査後、本件ソフトウェアに不具合等の問題があるか否かを、１か月以内に書面により甲に対して通知する。

３　本件ソフトウェアに問題がないことが甲に通知されるか、又は、前項の期間内に何らの通知もされない場合には、本件ソフトウェアの検査は完了したものとみなす。

第６条（ライセンス料）　乙は、甲に対して、本件ソフトウェアの使用許諾に対する対価として、ライセンス料金○○○万円を支払う。

２　乙は、前項のライセンス料を、平成○○年○月○日までに、電信扱いにより甲名義の銀行口座に振り込む方法によって支払う。振込手数料は乙の負担とする。

第７条（品質保証）　甲は、本件ソフトウェアの使用許諾する権利を甲自身が有していること、及びいかなる第三者の著作権をも侵害していないことを保証する。

２　第５条に規定する検査の結果、本件ソフトウェアに不具合等の問題が発見された場合、甲は、遅滞なく、本件ソフトウェアを無償にて修補又は適正なものと交換する。

３　本件ソフトウェアに不具合等の問題が検査により発見されない場合でも、本契約の有効期間中に限り、本件ソフトウェアが、別添目録指定の環境下においてドキュメンテーション記載の仕様に適合せず、又は第４条の引渡の時以前にウィルス等に感染していた場合は、本件ソフトウェアを無償にて修補又は適正なものと交換する。

第８条（通知義務）　乙は、本件ソフトウェアの使用に起因して、第三者より知的財産権等の権利を侵害したとの主張に基づく請求、訴訟の提起等を受けたときは、遅滞なく、甲に対して、その旨を書面により通知しなければならない。

2　前項の通知を受けた場合、甲は、乙の権利を保護するために必要な本件ソフトウェアに関する資料、訴訟費用（弁護士及び弁理士費用を含む）の提供等を行わなければならない。

第9条（返還義務）　乙は、本契約に関連して甲から受領した書類、電磁的記録等の情報媒体物、及びそれらの複製等の情報を記載した一切の物を、本契約終了時に、甲に返還しなければならない。

第10条（禁止事項）　甲及び乙は、本契約に関連して知り得た相手方の情報を、相手方の許諾なく、漏えいしてはならない。

2　乙は、甲の書面による事前の許諾なく、本件ソフトウェアを改変、複製（第2条第2項の場合を除く）、公衆送信、貸与又は逆コンパイル、逆アセンブル、リバースエンジニアリングをしてはならない。

第11条（解約）　甲は、乙が本契約上の債務を履行しない場合は、相当の期間を定めて履行を催告し、この期間内に履行がない場合は、本契約を解約することができる。ただし、乙の重大な不履行によらない限り、甲は乙に損害賠償を請求することはできない。

2　乙は、甲が本契約上の債務を履行しない場合は、相当の期間を定めて履行を催告し、この期間内に履行がない場合は、本契約を解約し、損害賠償を請求することができる。

3　本契約が解約された場合、甲は、受領済のライセンス料を受領日から解約の日までの日数に○○○円を乗じた額を控除して、乙に返還しなければならない。

第12条（協議義務）　本契約に規定のない事項又は解釈上生じた疑義については、甲及び乙は相互に、信義に従い誠実に協議を行い、これを解決しなければならない。

第13条（管轄）　本契約にかかる紛争については、○○地方裁判所を第一審の専属的合意管轄裁判所とする。

本契約成立の証として本契約書を２通作成し、甲乙は署名又は記名押印の上、各自１通ずつ保管する。

平成○○年○月○日

（甲）東京都○○区××○丁目○番○号
株式会社○○○○
代表取締役　　○○○○　㊞
（乙）東京都××区××○丁目○番○号
株式会社○○
代表取締役　　○○○○　㊞

〈別添目録　略〉

POINT

使用許諾契約を締結する場合に、最低限、当事者間で決めておくことは、第２条の使用範囲、第３条の使用期間、第６条の利用の対価（ライセンス料）とその支払方法になる。ソフトウェアに付属するドキュメンテーションの取扱いをどうするかについても合わせて確認しておくべきである。実務上はインストールできるコンピュータを書式例よりも詳細に定めることがある。

ソフトウェア使用許諾といっても、使用許諾を与える根拠は著作権である。そのため、第７条のように使用許諾の対象となるソフトウェアが第三者の著作権を侵害するものでないことを明示しておくべきである。

また、使用許諾契約においては、あくまでソフトウェアの使用を認めたにすぎないため、ソフトウェアに対する無制限な権利を使用者に対し付与したわけではない。

そこで、第10条のような禁止事項の規定が必要になる。とくに第２条第２項の場合を除く複製行為や、改変、公衆送信、リバースエンジニアリングなどは厳格に禁止しておく必要がある。

3 著作権は放棄することもできる

法律上の定めはとくにないが、原則的には放棄が可能である

◉ 著作物を自由に使ってもらいたい場合に問題となる

著作物の複製をしたり、著作物の展示会を開くなどしたい場合には、著作権者の許諾を得なければなりません。そのためには、著作権者を探したり、許諾を得るために利用料を支払うといった手続きが必要になります。これにより、著作権者の権利が不当に侵害されることを防止しているわけです。

しかし、中には自分の作品を社会に広めたい、作品に込めたメッセージを送り出したい、といった希望（願望）を有している著作者もいます。そのためには、著作権者の許諾を得るという手続きを廃止し、誰でも自由に利用できる形にしておいた方が、より効果的に自らの希望を達成できる可能性があります。この場合に、著作権を放棄できるかどうかという問題が生じます。

◉ 放棄できるものとできないものがある

著作権は、著作物を創作した時点で、著作者が当然に取得することになる権利で、取得のために何らの手続きも必要ありません。そのせいか、法律上には著作権の放棄に関する規定が置かれていません。

そもそも「著作権権の放棄が可能かどうか」ということ自体についても、学者間の見解（学説）が分かれている状況ですが、現在のところは、著作権も財産権の一種であることから、その放棄も譲渡と同様に可能であるとするのが一般的な見解です。著作権を放棄する方法としては、契約書を作成するか、著作物に記載するなどして、「著作権を放棄する」旨の意思表示をすればよいとされています。

ただし、著作権者が著作権放棄の意思表示をしたとしても、すべての権利を放棄できるわけではありません。

まず、著作権に担保権（質権など）が設定されている場合が挙げられます。著作権者が著作権を放棄してしまうと、担保権者が債権を回収することができなくなる可能性がありますので、担保権の設定された著作権の放棄は認められないとされています。

また、著作権には、財産権としての著作権（著作財産権または狭義の著作権）の他に、公表権、氏名表示権、同一性保持権といった著作者人格権もあります。著作者人格権は、著作者本人（著作者人格権者）に専属するとされ、その譲渡が認められていません。したがって、著作者人格権の放棄もできないとするのが一般的な見解です。

ただし、著作権を放棄または譲渡した後も、著作者が著作者人格権を持ち続けることになると、著作物の利用に際して不都合が出てくる可能性があります。そこで、著作者人格権者に「著作者人格権を行使しない」旨の意思表示をしてもらうことは可能とされています。

■ 著作権を放棄できない場合

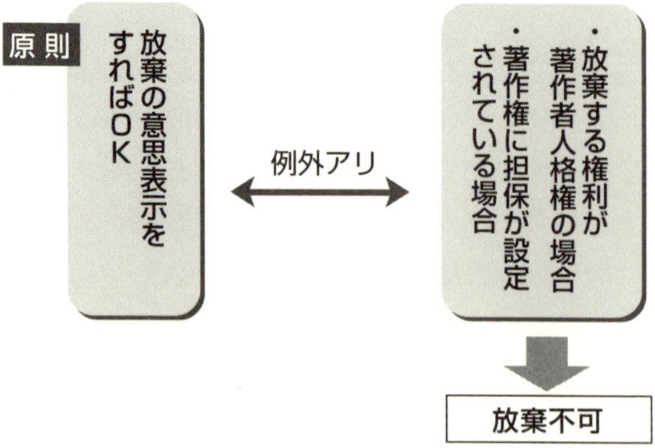

第５章

プログラムや
ソフトウェアと著作権

1 コンピュータ・プログラムも保護される

プログラマーの創作性を権利として保護する

◉ コンピュータ・プログラムの価値は大きい

コンピュータ・プログラム（以下「プログラム」と省略します）とは、コンピュータを機能させるための指示や処理方法のことで、特定の言語や形式によって記述されています。

プログラムの制作は、プログラマーの創作性によるところが多く、開発には多大な時間と労力・費用を要します。その一方で、プログラムのコピーはいとも簡単にできてしまいます。そのことから、経済的価値の高いプログラムを法的に保護する必要性が高まりました。

そして、先行するアメリカの著作権法改正に足並みをそろえるように、日本でも1985年に著作権法が改正され、プログラムも著作物と認められるようになりました（プログラムの著作物）。プログラムはその性質上、他の小説や絵画などの著作物とは異なる表現上の制約があることから、他の著作物とは異なる取扱いがなされています。

① **プログラム言語**

プログラム言語そのものには著作権法上の保護が及びません。プログラム言語はプログラムを作成するための手段にすぎず、思想や感情の表現でない（著作物でない）からです。また、プログラム言語の用法に関する約束事を記した規約も著作権法上の保護が及びません。規約にも思想や感情の表現として保護すべき部分がないからです。

② **プロトコル**

ネットワーク上のやりとりの基準を定めたプロトコル（ネットワークを通じて通信を行う際の約束のこと）は、思想や感情の表現がなされていれば、プログラムの著作物となり得ます。しかし、表現方法に選択肢がないため、創作性が否定され、実際は著作物とならない（著作権法上の保護を受けない）ことが多いようです。

◉ プログラムの著作者人格権はどのように保護されるのか

プログラムの場合、他の著作物とは異なる特徴があります。プログラムの著作者人格権については、他の表現物と同様の保護を受けられない場合があります。保護について制約を受けるのは、著作者人格権のひとつである同一性保持権についてです。

たとえば、プログラムのバグ（プログラムに生じる不具合のこと）を修正する改変を行う場合や、特定の条件下で動作しない場合にこれを動作するようにプログラムを書き換える場合です。これらを行う場合には、著作者（著作者人格権者）の同一性保持権が保護されませんので、このような改変や書き換えは、著作者の承諾を得なくても行う

■ コンピュータ・プログラムの著作権の特徴

職務著作の要件	コンピュータ・プログラムは大半が法人内で開発されるため、職務著作の要件のうち「法人名義での公表」の要件は不要とされている
同一性保持権	コンピュータ・プログラムは、バージョンアップされることが多いので、著作者の許諾を得なくても、必要な改変や書き換えができる
バックアップの必要性	コンピュータ・プログラムのユーザーは、著作権者の許諾を得なくても、バックアップのためのコピーをとることができる
海賊版の使用	海賊版（許可を得ずに複製されたもの）であることを知った上で取得し、業務上使用する行為は、著作権の侵害行為とみなされる
登録制度	コンピュータ・プログラムには未公表のものが多いため、第１発行・公表年月日の登録制度だけではなく、創作年月日の登録制度が用意されている

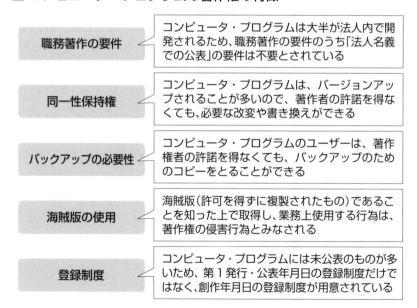

ことができます。また、プログラムをバージョンアップする際の改変についても、著作者の承諾を得ずに行うことができます。

◉ プログラムの著作権は受託者と委託者どちらに帰属するのか

プログラムの作成について委託契約を結んだ場合、プログラムの著作権は、まず開発者（受託者）に帰属します。著作権は著作物を創作した時点で、その著作物の創作者に原始的に帰属するからです。

依頼者（委託者）がプログラムの著作権を得るためには、委託契約の締結時に、受託者が作成したプログラムの著作権を委託者に譲渡する旨の条項を盛り込む必要があります。ただし、著作者人格権は譲渡できないため、受託者に帰属したままです。

また、翻訳権、翻案権、二次的著作物の利用に関する原著作者の権利は、契約時に譲渡する旨の個別の記載をしない限り、委託者に譲渡してないとみなされます。したがって、これらの権利も委託者に譲渡する場合は、契約時にその旨を個別に明記する必要があります。

◉ プログラム登録とはどのような制度か

プログラムを作成した場合、その作成した年月日を「一般財団法人ソフトウェア情報センター」に登録することができます。登録に際してプログラムを公表している必要はありません。登録しておくと、プログラムをいつ作成したのかを証明することができます。登録することができる期間は、プログラムの作成時から6か月以内です。

本来、著作物と認められるプログラムは、登録しなくても作成しただけで作成者に著作権が発生しています。ただ、いつそのプログラムが作成したのかを証明することは、現実には難しいといえます。こうした現状から考えて、後になって自分が作成したプログラムの作成日を証明しなければならなくなった場合に備えて、プログラム登録をしておく方が賢明だといえます。

2 システム開発をめぐって著作権がどのように関わるのか

アイデアは特許法、創作的な表現は著作権法の保護を受ける

◉ UML図は著作権法や特許法で保護されるのか

オブジェクト指向のソフトウェア開発を行う場合には、開発するシステムをモデル化する必要があります。モデル化する際には統一された表記法を利用します。この表記法を規定した言語をUML（統一モデリング言語）といいます。UMLはUnified Modeling Languageの略称です。UMLは言語ではありますが、実際には図と言語の組み合わせで構成されているため、プログラムの設計図として扱われています。

UML図（UMLで記述した図）に独自のアイデアがあり、そのアイデアを実現するために、実際にソースコードで記述したと仮定します。この場合、アイデアそのものは特許法上の保護の対象となります。

しかし、そのアイデアを元に書かれたソースコードの記述は、アイデアではなく表現物（著作権法上は著作物と呼ばれています）ですから、著作権法上の保護の対象となります。その際、元となるアイデアを考え出したAが作成したソースコードとは異なる記述で、Bが同じアイデアを実現するソースコードを作成しても、アイデアを考え出したAは、Bに対して著作権法上の権利を主張することはできません。

このように、著作権法違反となるかどうかは、アイデアでなく著作物そのものを基準とする点に注意しましょう。なお、著作権法上の権利は相対的独占権ですから、アイデアを考えた人と同じソースコードを他者が偶然に書いた場合、その他者は著作権侵害となりません。

一方、先に特許権の登録がなされているアイデアがある場合、他者が独自の研究を進めて偶然に同じアイデアを作り出したとしても、そのままそのアイデアを使うと特許権の侵害となります。

◉ ＬＡＮでの送信は認められるのか

ソフトウェア開発において、とくに関わりのある著作権（著作財産権）のひとつに公衆送信権（24ページ）があります。公衆送信権は著作権のひとつとして保護されているもので、インターネット上に著作権者の許可を得ずに著作物を配信した場合は公衆送信権違反かどうかが問題となります。

たとえば、会社内のコンピュータを使用していて、社内のLAN（同一建物内のコンピュータを接続してデータを共有するためのネットワークのこと）上に著作物を配信した場合には、同一構内での配信となるだけですから、原則として公衆送信権を侵害したことにはなりません。

著作権法でも、同一構内で著作物を送信した場合は、原則として公衆送信には該当しないとしています。ただし、プログラム著作物については、他者がLAN上にプログラムを送信することを認めてしまうと、LAN上にあるサーバーにプログラムを送信し、多数の者がそのプログラムを利用することを認めてしまう結果になるという不都合が生じます。こうした不都合を回避するために、著作権法では、著作物を同一構内に送信したとしても、その著作物がプログラムである場合には、他の著作物とは異なり公衆送信に該当する（著作権者の許諾が必要）としています。

◉ 複製・翻案は無制限に認められるわけではない

パッケージソフトを販売した場合の購入者は、自身が購入したプログラムの複製物をどこまで利用することができるのでしょうか。

ソフトウェアを開発してパッケージソフトとして販売した場合、販売しているパッケージソフト自体は、著作物そのものでなく著作物の複製物となります。つまり、ソフトウェアの購入者は「プログラムの著作物の複製物」の所有者ということになります。

著作権法では、プログラムの著作物の複製物の所有者が、その著作物を自らコンピュータ（電子計算機）で利用するために必要な限度であれば、著作権者の許諾を得なくても、その著作物の複製や翻案を行うことができます。これにより、著作権者の許諾がなくても、バックアップ（複製）やバージョンアップ（翻案）が認められます。

しかし、購入したソフトウェアを著作権者に無断で複製・翻案して販売することは、必要な限度を超えた複製や翻案ですから、著作権侵害となります。また、購入したソフトウェアを他人に譲渡する際に、手元にプログラムのコピーを残しておくこともできません。プログラムの著作物の複製物を他人に譲渡すること自体は可能ですが、これを譲渡する人は、自分が使用していたコンピュータ上からプログラムを削除しなければならないとされています。

◉ プログラムの著作権侵害とされるケース

プログラムの著作物に関する著作権侵害については、とくに複製権や翻案権の侵害が問題となります。著作権侵害の有無を判断する際には、依拠性と類似性を基準とします。既存著作物に依拠した上で（依拠性）、依拠した既存著作物を覚知するに足るものを再製する（類似性）のが複製であり、依存した既存著作物の本質的部分を維持して創作的な変更などを加える（類似性）のが翻案とされているからです。

たとえば、同じ記述によるプログラムが他者によって作成されたとしても、元のプログラムをマネしたのでなければ、依拠性がないので著作権侵害の問題は生じません。また、他者が元のプログラムをマネしたつもりであっても、元のプログラムと本質的部分も異なる似ていないプログラムが完成すれば、類似性がないので著作権侵害の問題は生じません。

判例によると、プログラムの著作物の著作権侵害について、平均的なプログラマーであれば簡単に作成できるプログラムの内容だからという理由だけで、直ちにそのプログラムに創造性がない（依拠性がある）とは判断できないとしています。また、ハードウェアを直接制御するプログラムが著作権法で保護されるかどうかを判断する際に、プログラムの著作物についての著作権侵害の判断は、慎重に行う必要があることを述べています。

プログラムに用いられる記号は、利用可能なものが限定されており、プログラミングに用いられる文法も厳格に定められているため、プログラムを構成する指令の組み合わせは、どうしても似たものになってしまいます。このため、プログラムの著作物の著作権侵害について、判例は慎重な判断を行っているようです。

とくにハードウェアを制御するプログラムに関しては、著作権侵害とはなりにくいという実情はありますが、すでに存在するプログラムを元にして新しいプログラムを作成する場合には、著作権侵害について十分注意する必要があるといえるでしょう。

■ 著作権侵害となるかどうかの判断基準

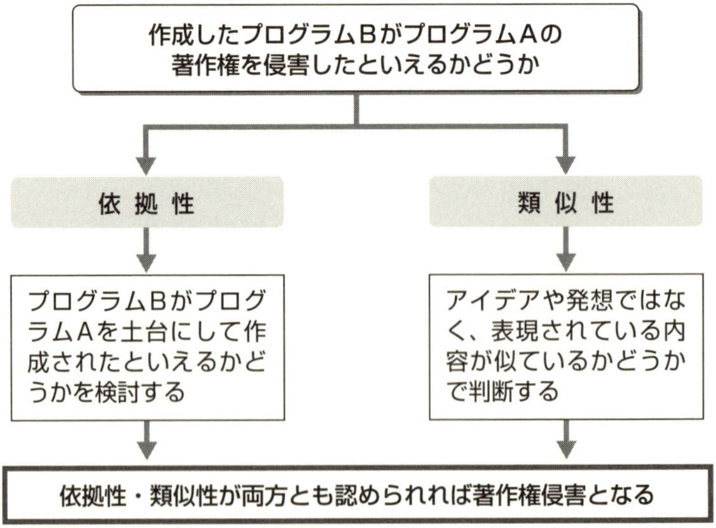

相談　ソフトウェアの表示画面は著作物にあたるか

Case　パソコンの画面上に表示されるソフトウェアの表示画面は、著作物なのでしょうか。

回答　ソフトウェアは、著作権法上のプログラムの著作物として保護の対象とされますが、すべてのソフトウェアが保護されるわけではありません。ソフトウェアが著作権法上のプログラムの著作物と認められるためには、指令を組み合わせたものとしてプログラム言語で表現されているもので、その表現に著作者の個性（創作性）が表れているものであることが必要です。

もっとも、ソフトウェアの表示画面（ディスプレイ上に表示された静止画像）は、プログラム言語でないため、プログラムの著作物には該当しません。そのため、他の種類の著作物に該当するかどうかが問題となります。

判例によると、ソフトウェアの表示画面は、図面・図表の著作物となる余地があるとしています。したがって、似たような表現になりがちなソフトウェアの表示画面であっても、その表示画面にどのような項目をどう表現するかという点で著作者の個性（創作性）が表れているものは、著作物として認められるのです。

相談　プログラムのRAMへの蓄積と複製権侵害

Case　他人が作成したプログラムをRAMに蓄積した場合、そのプログラムの著作権者が有する複製権を侵害したことになるのでしょうか。

回答　他人の著作物を著作権者に無断で複製すると、原則として著作権侵害となります。著作権者に無断で著作物を複製した場合、具体的には著作権者が有している複製権を侵害したことになります。これはその著作物がプログラムであった場合も同じです。

したがって、他人が作成したプログラムを著作権者の許諾を得ることなく複製した場合、原則としてその著作権者の複製権を侵害したことになります。では、どのような行為が複製となるのでしょうか。

著作権法がもともと想定していた著作物の複製は有形的な複製です。たとえば、著作物が紙に表されたものであれば、印刷（コピー）や撮影（写真）などの方法で行われます。その著作物が楽曲や映像などの場合には、カセットテープやビデオテープへの録音や録画などの方法で行われます。しかし、こうした有形的な方法では、プログラムの著作物を複製することはできません。

プログラムの著作物の複製とは、ソフトウェアをパソコン内のハードディスクにコピーする（インストールやバックアップなど）ような場合です。同じようにCD-ROM、DVD、外付けのハードディスクなどの外部記憶装置にプログラムをコピーした場合も複製といえます。

一方、RAMにプログラムを蓄積しても、ハードディスクや外部記憶装置に蓄積した場合とは異なって、著作権法上の複製にはあたらないとされています。RAM（Random Access Memory）とは、コンピュータの主記憶装置（メインメモリ）に利用されるものですが、コンピュータの電源を切るとRAMに記録されたデータは消失してしまうため、その後に反復して使用される可能性は低いといえるからです。

著作権の中でも複製権が重要視されているのは、違法複製物が市場に出回ると著作権者の財産上の利益が害されるからです。しかし、RAMにプログラム著作物が蓄積されても、こうした結果には結びつきにくいといえるため、プログラムの著作物をRAMに蓄積しても、著作権者の複製権の侵害にはならないのです。

3 ソフトウェアをめぐる法律問題を知っておこう

さまざまな場面で権利侵害の可能性は生じ得る

◉ UIが似ている場合どうなるか

あるソフトウェアと後から開発されたソフトウェアのユーザーインターフェース（UI）が似ている場合、つまり使用者がコンピュータを使用するにあたって提供される双方のソフトウェアの環境（操作方法や表示など）が似ている場合、後から開発されたソフトウェアは著作権侵害となるのでしょうか。

とくにビジネスで使用されるソフトウェアのUIは、もともと要求される機能が限定的であるため、似たようなものになりやすく、作成者の創作性を発揮できる部分が少ないという特徴があります。実際のところ、UIを設計する際には、ターゲットとなるユーザーが現在まで利用し続けているソフトウェアと似たものを設計し、利用者が違和感なく操作できるUIにしなければなりません。

したがって、ビジネスで使用されるソフトウェアについては、プログラムそのものが著作物として認められにくいことに加えて、UIについても、創作性に欠けるとされて、著作権法上の保護を受けるのは非常に難しいのが現状といえます。画期的なUIの作成に成功し、何らかの法的保護を受けようとする場合は、著作権法上の保護ではなく、そのUIが「発明」にあたることを根拠に特許を取得して、特許法上の保護を受ける方法を検討するのが現実的でしょう。

◉ デザインやデータベースを作成する上でも注意が必要である

自社を参考にして他社が画面デザインを作成している場合、ディスプレイ上に表示される画面（表示画面）が著作権侵害となるのでしょうか。著作権侵害の有無を検討する際は、まず表示画面の構成上、個性のある部分の有無を判断します。表示画面が個性のないありふれたものである場合は、自社の表示画面の著作物性が否定されるため、これを参考にした他社の表示画面は著作権違反とはなりません。

しかし、自社の表示画面に個性のある部分が存在する場合は、その部分について、問題とされている他社の表示画面が類似しているかどうかを判断します。仮に類似している部分があると判断されたとしても、最終的には、その部分が表現物（思想や感情を表現したもの）にあたるのかどうかを判断します。

したがって、仮に自社の表示画面がありふれたものではなく、個性のあるものと判断され、自社の表示画面に類似する部分が他者の表示画面にあったとしても、最終的に自社の表示画面が表現物と認められなければ、自社の表示画面の著作物性が否定される（著作権法上の保護が受けられない）という点では、プログラムやUML図の場合と同様です。画面デザインが著作物と判断されない状況の場合は、特許権の取得など他の方法で権利を守ることを検討した方がよいでしょう。

なお、データベースの複製が著作権法上問題とされた事件で、それ

■ ユーザーインターフェース（UI）の保護

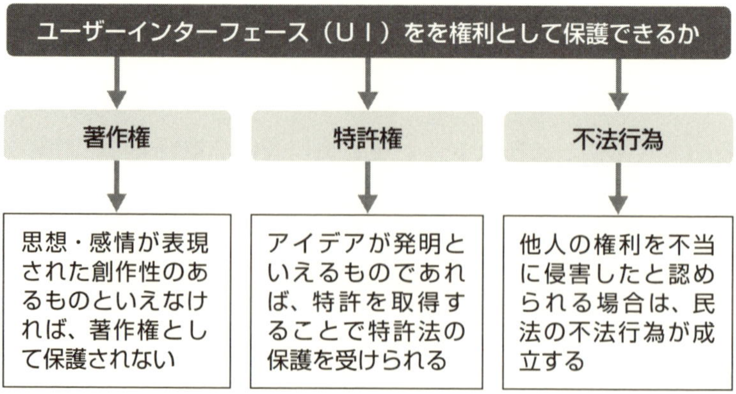

それのデータベースの構造について、テーブルの種類や数、各テーブルに設定されているフィールド項目の内容、各テーブル間の関連づけのされ方を比較した上で、後から作成されたＢのデータベースがＡのデータベースの構造の一部と完全に一致するとして、Ｂのデータベースが Ａの著作権を侵害していると認定した判例があります。

◉ 他人のアイデアの模倣やリバースエンジニアリング

著作権はアイデアを保護する制度ではないため、自分のアイデアをマネされたとしても、著作権侵害をされたとはいえません。たとえば、新たな分野を構築したとも評価されうる画期的なアイデアをもとに、ソフトウェアを開発して販売したとします。その場合に、他者がそのアイデアをマネして別のソフトウェアを作成したとしても、プログラムの記述内容が異なれば、著作権侵害の問題は生じないのです。

ただし、このような画期的なアイデアを特許として申請していた場合は別です。この特許申請が認められ、無事に登録を終えた場合には、アイデアをマネした他者は特許権を侵害していることになります。この場合、特許権者は自分の権利を守ることができます。

なお、他者のアイデアを参考とするという点では、リバースエンジニアリングも同様の問題を含んでいます。**リバースエンジニアリング**とは、他人の作成したプログラムを分解・解析して、プログラムの構成やしくみ、目的などを明らかにする作業をいいます。リバースエンジニアリングによって、他者の作成したプログラムのアイデアを得ることができますが、この作業を行ったとしても、著作権侵害の問題は生じません。リバースエンジニアリングという作業は、他者の作成したプログラムを解析する作業であり、他者のプログラム（著作物）の複製や翻案などをしているわけではないからです。

4 ソフトウェアの利用と違法コピーについて知っておこう

ソフトウェアは法律や契約に従って利用しなければならない

◉ ソフトウェアの使用許諾契約とは

ソフトウェアを「購入」することは日常的になっていますが、多くの場合は「利用する権利を購入しているだけ」なのです。ソフトウェアの複製や転売などをする権限は、依然として著作権者が有しているため、ソフトウェアの購入者は、著作権法と著作権者との契約（ライセンス契約）に従って利用する必要があります。

ソフトウェアの使用（利用）許諾契約とは、ソフトウェアの著作権者と利用者との間で結ばれるライセンス契約のことです。ソフトウェアの利用を許諾する代わりに使用料を支払う契約が締結されます。

◉ 使用許諾契約の種類と内容について

ソフトウェアの利用権を購入するということは、ソフトウェアの著作権者との間で契約を結ぶことになり、これを使用許諾契約（ライセンス契約）と呼ぶのは前述のとおりです。具体的には、次のような形式で使用許諾契約を結んだことになります。

まず、ソフトウェアを店舗で手に入れるか、サイトからダウンロードするなどして、パソコンで使えるようにセットします（インストール）。このとき、画面上でライセンス契約の内容に同意するかどうかを尋ねられ、「同意する」を選択するとインストールが行われる方法があります。この方法は**クリックオン契約**と呼ばれています。

この他にも、パッケージにライセンス契約の内容が印刷され、封を開けなくてもそれが見える状態になっているものがあります。この場合、購入者が封を開けた時にライセンス契約が成立したとみなされます。この方法は**シュリンクラップ契約**と呼ばれています。

日本では、どちらの方法でも問題はありません。ただ、ソフトウェアを販売する企業側にあまりにも有利で、購入者に不利益を一方的に強制するような契約の条項は、消費者契約法などによって無効とされる場合があります。たとえば、「本ソフトウェアに不具合が見つかっても一切責任を負わない」という条項は無効になると考えられます。

◉ ソフトウェアのコピーについて

ソフトウェアは購入しても「利用すること」を許可してもらっているだけですから、著作権法や使用許諾契約によって守られている著作権者の権利を侵害しないようにしなければなりません。

使用許諾証明書でコピー（複製や翻案など）してもよい場合や、コピーしてもよい数量などが指定されていれば、その範囲でコピーすることは、もちろん認められます。ですから、契約書の内容を十分に確認することが必要でしょう。また、利用するのに必要な範囲のコピーも認められます。なお、私的使用目的である場合は、著作権者の許諾がなくてもコピーできますが、その範囲は限定されています。企業内でのコピーは私的使用目的ではないとするのが原則です。

使用許諾契約に従っている場合や私的使用目的の場合を除いて、ソフトウェアをコピーすることは、著作権法上許されません。これを行

■ 使用許諾契約の種類

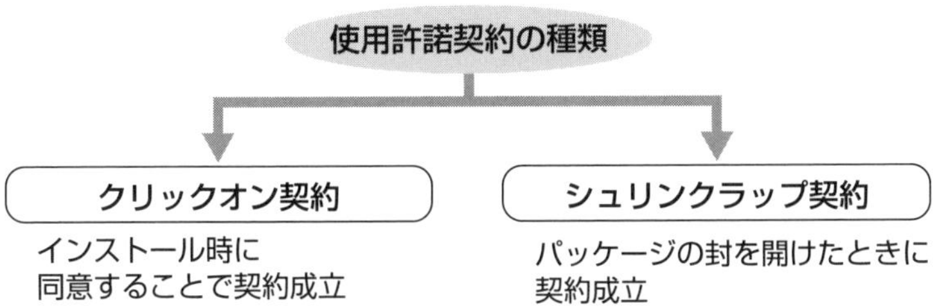

うと著作権の侵害となり、損害賠償請求を受けることがあるだけでなく、悪質な場合は刑事罰を科せられることもあります。

◉ インストールの制限について

インストールもほとんどの場合は、著作権法でいう複製にあたります。ですから、インストールも、著作権法や使用許諾契約で許された範囲でしか行うことができません。インストールで問題になる代表的なものは、複数のパソコンを１人で使っている場合に、１つのパッケージでその複数のパソコンにインストールすることの可否です。

ソフトウェアに限らず、著作権者が他人に複製を許諾する場合、その方法や数量を指定することがあります。上記の問題も同じで、著作権者がどのような許諾を与えているかによって決まります。ソフトウェアの使用許諾契約書を見ると、「１パッケージにつき１台のパソコンにのみインストールすることを認める」「同時に使用することがない同一個人の複数のパソコンにインストールすることを認める」という条項が多く見られます。いずれの条項も、複数の人が同時に使用することなどを制限する目的があります。そして、著作権者が許諾した複製の方法や数量の範囲を超えると、著作権侵害の危険があります。

■ ソフトウェアの購入と使用許諾契約 ……………………………

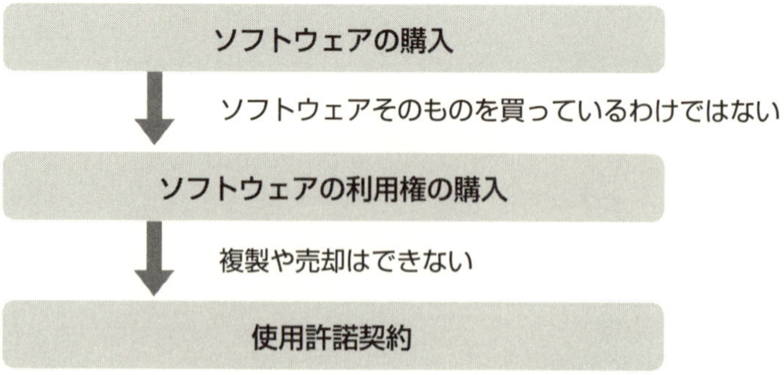

◉ ソフトウェアのバックアップについて

ソフトウェアそのものは、DVDや、CD-ROMなどの媒体（メディア）で提供されることが多いようです。正規に購入して契約のとおりインストールしても、パソコンの故障などで再度インストールするときには、メディアが必要になります。しかし、メディアが破損して使えなくなることが考えられます。このような事態に備えて行うのがバックアップですが、これも著作権法上は複製にあたります。

バックアップは、自らのコンピュータで使用するのに必要と認められる限度内であれば、著作権者に無断で複製することは認められます(117ページ)。ただ、利用者がダウンロードによってソフトウェアの提供を受けた場合など、バックアップをとる必要性がそれほど高くないケースもあります。使用許諾契約において、「破損した場合には著作権者から再度提供するので、バックアップを禁止する」としている場合もありますから、使用許諾契約書を確認するようにしましょう。

◉ 違法コピーされたソフトウェア（海賊版）の取扱い

媒体で提供されるソフトウェアを購入したが、それが違法コピーされたもの（海賊版）である場合、購入時に違法コピーを知っていたか否かで取扱いが変わります。違法コピーを知って購入した場合、購入は著作権侵害とみなされませんが、使用中のパソコンにインストールして「業務上使用」(私的使用目的を除外する趣旨です）した時は、著作権侵害とみなされます。しかし、知らずに購入した場合、購入も自分のパソコンにインストールして使うことも、著作権侵害とみなされません。

一方、違法コピーの事実を知って（購入後に知った時を含みます)、海賊版を頒布（一般に広く配布）し、または頒布のために所持することなどは、著作権侵害とみなされます。また、国内で頒布する目的をもって海賊版を輸入することも、著作権侵害とみなされます。

◉ フリーソフトウェアと著作権について

ソフトウェアには、店頭で販売しているパッケージソフトや、インターネットを使ってダウンロードするオンラインソフトなどがあります。オンラインソフトについては、有償無償の違いや、著作権のあり方によって、いくつかに区分ができます。なお、以下の分類が必ずしも社会で定着したものとは限らない点に注意してください。

とくに無償でダウンロードを認めるオンラインソフトには、「パブリックドメインソフト（PDS）」「フリーソフト」などがあります。

パブリックドメインソフトとは、著作権者が著作権（著作財産権）を放棄したソフトウェアです。利用者は自由に改変し、これを頒布することもできます。ただし、放棄できない著作者人格権が残っていますから、これを侵害するような頒布や改変は認められません。

フリーソフトとは、誰でも無料で利用できるものです。しかし、フリーソフトの著作権者は著作権自体を放棄していませんから、改変や頒布の自由を利用者に認めるか、私的利用に制限するかなどは、著作権者にかかってきます。ほとんどの場合はソフトウェアの使用条件を明示していますから、その条件に従って利用する必要があります。

これに対し、**シェアウェア**とは、一定の機能制限を設けるか、一定の期間内に限定して、無料での利用を認め、機能制限の解除や、期間経過後の使用を希望する場合には、使用料（ライセンス料）を支払うというものです。この場合、著作権は放棄されていませんので、先にお金を支払うか（パッケージソフト）、試用してから支払うか（シェアウェア）という点以外は、パッケージソフトと同じものとして考えた方がよいでしょう。

◉ 複数人で作成したソフトウェアの場合

著作権は著作者に発生するのが原則ですが、著作権は譲渡ができます。そのため、従業員と会社の間で著作権を会社に帰属させる契約を結ぶことや、会社に著作権を売却することも考えられます。

会社の命令で従業員がソフトウェアを作成した場合は、会社がソフトウェアの開発に関与した程度などによって、職務著作（89ページ）となって会社が著作者になることも考えられます。また、複数のプログラムを組み合わせたものである場合は、一つひとつのプログラムの著作者に著作権が発生する他、組み合わせた人にも編集著作権が発生することもあります（73ページ）。

プログラムを実行した際に、画面に表示される画像や、再生されるビデオや音楽などは、プログラムの著作物に関する著作権では保護されません。これらはプログラムとは別の著作物となります。その中に他人の著作物があれば、利用許諾を得る必要があります。

◉ 特許、商標とソフトウェア

プログラムそのものは、著作権法で保護されます。しかし、プログラムで応用されている技術的なアイデアは、著作権法では保護されません。このようなアイデアは、特許法で保護されるものです。一方、他人が特許をもっているアイデアを利用してプログラムを作成する場合は、特許権の利用許諾を得る必要があります。

また、プログラムで利用されたり、画面に表示されたりするマークなども、著作物にあたらない場合には著作権法では保護されません。マークは「商標」として、商標法で保護されるものです。特許と同じように、他の人が商標権を有しているマークをプログラム内で利用する場合は、その商標権者の使用許諾が必要な場合があります。

著作権は、著作物を作成するだけで発生する権利ですが、特許権や商標権は、双方ともに出願登録の手続をして登録されない限り、権利として保護されないことになっています。

5 ファイル共有ソフトをめぐる問題について知っておこう

便利だが使わないようにするべき

◉ ファイル共有ソフトを開発したらどうなる

不特定多数の人とインターネット上でファイルを共有し、交換し合うことができるソフトを**ファイル共有ソフト（ファイル交換ソフト）**と呼びます。WinnyやWinMXといったものがこれにあたります。

ファイル共有ソフトは、利用者同士が持っているファイルを交換という形にて、無償でダウンロードすることができます。これだけを見ると、友達同士でCDの貸し借りをするのと大差がないように見えますが、不特定多数の人が参加してファイルを共有するとなれば、その種類や量は膨大なものになります。その膨大なファイルを自由に、しかも無償でダウンロードできるようになれば、お金を支払って正規の製品を購入する人がいなくなってしまうことになりかねません。

つまり、ファイル共有ソフトを利用してファイルを交換し合うことは、著作物の著作権者が有している「著作物から利益を得る権利」を侵害することにつながる可能性があるのです。その意味で、ファイル共有ソフトには問題があるとされています。

ところで、ファイル共有ソフトには開発者がいます。このようなソフトウェアを開発すること自体は、法律に触れるような行為ではありません。実際、たくさんのファイル共有ソフトが開発され、その多くがフリーソフトとして、誰でも無償でダウンロードできるように公開されています。

しかし、2004年にはWinnyの開発者が著作権侵害の幇助の容疑で逮捕・起訴されました。Winnyの利用者が著作権侵害の罪で逮捕されたことを受け、その場を提供したWinnyの開発者にも共犯の疑いがあると判断されたのです。

その後、京都地方裁判所で行われた第一審では有罪とされ、開発者に150万円の罰金刑が言い渡されました。しかし、2009年に大阪高等裁判所で行われた控訴審では、開発者に無罪が言い渡され、2011年に最高裁判所で行われた上告審で、開発者の無罪が確定しました。

上告審では「例外的とはいえない範囲の者がWinnyを著作権侵害に利用する蓋然性が高いことを認識、認容していた」ときに限り、著作権侵害を幇助したことになると判断されています。

◉ ファイル共有ソフトのインストール自体は問題ない

フリーソフトとして公開されているファイル共有ソフトをインストールすることは、とくに問題ありません。また、ファイル共有ソフト上で、それぞれの利用者が自分の作成した作品を交換し合うのであれば、自分の著作権に基づいて行っているので、これも問題ないということになります。つまり、ファイル共有ソフト上で、他人の著作物である音楽、映画、ソフトウェアなどのファイルを登録する行為をしないのであれば、著作権法上の問題になることはなく、便利なソフトとして活用することもできるのです。

なお、音楽や映像など著作権者が著作権を持っているファイルを、著作権者に無断でファイル共有ソフトによってアップロードすること（公衆送信権の侵害）はもちろん、ダウンロードすること（違法ダウンロード）も著作権侵害になります。

著作権侵害をした場合、原則として「10年以下の懲役もしくは1000万円以下の罰金」（またはこれらの併科）が科されます。有償ファイルを違法にダウンロードした場合は、「２年以下の懲役もしくは200万円以下の罰金」（またはこれらの併科）が科されます。著作権侵害に加担する可能性のあるファイル共有ソフトの使い方はしないようにしましょう。

6 ソフトのバックアップをとったが後日ソフトを譲渡したらどうなる

ソフトを自分で利用する範囲内でのバックアップは認められる

◉ 私的使用目的でコピーすることは許される

著作権者に無断で著作物の複製をつくることは、原則として著作権の侵害にあたります。たとえば、書籍をコピー機でコピーしたり、映画のDVDのコピーを作るといった行為も著作権を侵害する行為となるわけです。こう聞くと、「私も試験勉強で使う資料のコピーをとったり、友達から借りたCDをスマートフォンに取り込んだりしているけど…」と不安を抱くかもしれません。しかし、著作権法では「著作権の制限」として私的使用（個人的にまたは家庭内その他これに準ずる限られた範囲内において使用すること）を目的とするときは、著作権者の許諾を得なくても、その使用者が複製することを認めています。したがって、私的使用の範囲で書籍やCDなどをコピーする分には著作権法上の問題はありません。

パソコンなどで使用するためのソフトウェアを購入し、自分のパソコンにインストールしたり、バックアップをとったりしておくのも、当然のように行われる行為ですが、著作権法上は「複製」にあたるので、著作権侵害の問題がないわけではありません。しかし、ソフトウェアは自分のパソコンにインストールしなければ使えませんし、バックアップを取ることはデータを保全するためには必要なことですので、おおむね「私用目的」の範囲内として扱われると考えてよいでしょう。ただし、ソフトウェアの開発者・販売会社などとユーザーとの間で締結される「使用許諾契約（ライセンス契約）」の中に、バックアップなどの禁止条項がある場合には、バックアップなどが契約違反になりますので注意が必要です。

◉ 後日売るために複製したら

当初は私的使用目的によりバックアップをとるなどしていたソフトウェアを、後日第三者に売却した場合はどうでしょうか。

バックアップをした時点では私的使用目的だったのですから、その行為自体は著作権法上の問題を生じさせませんが（契約違反の場合はあります）、それを売却すると問題となる可能性があります。

中古ショップでも売買されているゲームソフトや映画のDVDなどは、譲渡権の消尽（101ページ）により、原則として売却行為については著作権法上の問題が生じません。しかし、ワープロソフトや表計算ソフトなどのソフトウェアは、使用許諾契約で譲渡自体を禁止していることがあり、その場合は売却行為が契約違反となります。

また、譲渡が可能な場合でも、売却する際には、インストールしたソフトウェアやバックアップデータを消去することが必要です。

■ ソフトウェアを譲渡（売却）する場合の注意点 ……………………

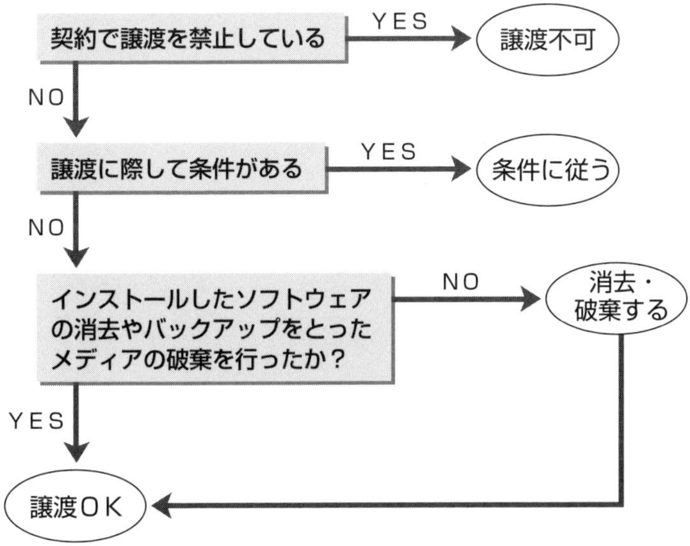

相談　ソフトウェアのインストールと著作権侵害

Case　会社で使っているソフトウェアを自分で使うために自宅のパソコンにインストールした場合、著作権侵害にあたるのでしょうか。

回答　ソフトウェアのインストールは、著作権法上の「複製」にあたります。したがって、著作物を複製する場合には、原則として著作権者の許諾が必要です。

ソフトウェアは「プログラムの著作物」にあたり、そのソフトウェアのインストールは「複製」にあたります。そのため、ソフトウェアをインストールして使用する場合は、原則として著作権者の許諾が必要です。通常は使用許諾契約（ライセンス契約）に基づき、インストールを許諾していますが、インストールが可能となる利用者や数量などを制限しています。

もっとも、著作物を私的使用目的で複製する場合は、著作権者の許諾を得ていなくても、例外的に著作権を侵害しないとされています。したがって、自宅のパソコンに、趣味など個人的に利用する目的のみをもって、会社で使っている（会社が購入した）ソフトウェアをインストールしたのであれば、私的使用目的で複製していることになるので、著作権法上の問題は生じません。

ただし、使用許諾契約では「第三者に対し使用許諾をしてはならない」とするのが通常ですから、会社で使っているソフトウェアを著作権者に無断でインストールするのは、原則として契約違反となるでしょう。

これに対し、会社の業務を自宅で行う目的でソフトウェアをインストールしたのであれば、個人的な利用ではないので、私的使用目的には該当しません。この場合、自宅のパソコンであっても、会社で使っているソフトウェアを、著作権者に無断でインストールして使用するのは、著作権（複製権）侵害となります。

7 ソフトウェアのコピープロテクトを解除したらどうなる

すべてのプログラムが著作物として扱われるわけではない

◉ プログラムに著作物性はあるのか

コンピュータを動かす機能を持つプログラム（ソフトウェア）は、COBOLやFORTRAN、C言語、Java、ASPなど、さまざまな言語で開発されていますが、そのほとんどが英文字や数字、記号の組み合わせでできています。このため、主に芸術的なものを対象とする著作物にはあたらないのではないかと思われがちですが、著作権法ではプログラムも著作物のひとつとして例示しています。つまり、プログラムも著作権者の許可なく複製したり販売すれば、著作権侵害となる可能性があるわけです。

ただ、すべてのプログラムが著作物として扱われるかというとそうではありません。著作権法10条３項では、プログラムについて「プログラムの著作物に対するこの法律による保護は、その著作物を作成するために用いるプログラム言語、規約及び解法に及ばない」と規定しています。つまり、プログラム言語自体とプログラム言語の使い方についての特別の約束（規約）、コンピュータに対する指令の組み合わせの方法（解法）については、著作物にはならないということです。

たとえば社員名簿を作成するプログラムを作成するために、COBOLという言語を使うとします。COBOLでは①見出し部、②環境部、③データ部、④手続き部という順番でプログラムを組み立てることになっており、手続き部ではデータを読んで必要な項目を抽出し、リストに印字するという命令を出します。このうち、手続き部の命令の表現方法などに創造性があれば、著作物と認められる可能性がありますが、COBOL言語そのものと、①～④の順番で構成するという規約、データを読んでリストを作成するという解法については、著作物にあたらないことになります。その意味では、プログラムの中で著作物として扱われる部分は多くないといえるかもしれませんが、どの部分が独創性のある表現と認められるかがわからない場合には、コピーなどを行う前に著作権者に確認を取った方が無難でしょう。

◉ コピープロテクトを解除する行為は侵害にあたるのか

コピープロテクトとは、プログラムなどの著作物に、著作権者以外の人がコピーできないように施す「鍵」のようなしくみで、著作権法上の「技術的保護手段」にあたります。著作権法では、バックアップやごく親しい人に配布する程度の私的使用目的による複製を認めていますから、その範囲内ならばコピープロテクトを解除してコピーしても問題ないように思われるかもしれませんが、そうではありません。

コピープロテクトが施されているということは、著作者が私的使用を含めた複製を認めていないということです。したがって、コピープロテクトを解除する行為（技術的保護手段の回避）や、解除後にコピーする行為は、いずれも著作権の侵害にあたります。

■ コピープロテクトを解除してコピーすると著作権侵害となる …

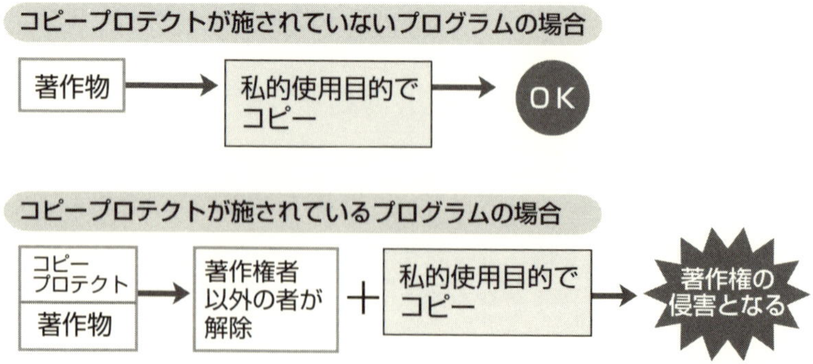

第6章

著作隣接権をめぐる法律知識

1 著作隣接権とはどのような権利なのか

著作者以外で著作物の価値を高めた人の権利を保護する制度

◉ 著作隣接権とは

著作者以外にも、その著作者の周辺において、著作物の価値を高めることに貢献する人たちがいます。著作権法では、そのような人たちにも一定の保護を与えています。

著作物を生み出した者には著作権が与えられます。著作物は人の創作による知的財産としての価値が認められるからです。しかし、著作物が世に出される過程で、多くの場合は著作者以外の人が関与しています。たとえば、シンガーソングライターの楽曲は、コンサート会場で自ら歌うだけでなく、レコード会社によってCD化されたり、テレビやラジオなどで楽曲が放送されたりして世に広められます。同じ演劇の脚本であっても、異なる演出家や俳優などが手がけると、その出来栄えもかなり違ったものになってきます。

このように、著作物を世に広めるにあたって、その著作物の周囲で活動する人々（会社などの法人を含む）の存在を無視できません。彼らの準創作活動（著作物の公衆への伝達行為のこと）によって著作物の価値が一層高められ、文化の発展にも貢献するからです。

そして、これらの準創作活動に対して認められた権利が**著作隣接権**なのです。著作権法では、著作隣接権について規定し、一定の法的保護を与えているのです。

◉ 著作権と著作隣接権は別個独立の権利である

著作権法上、著作権と著作隣接権は別個独立の権利として扱われています。そのため、１つの著作物について著作権と著作隣接権が併存している場合に、第三者がその著作物を利用するときは、著作権者と著作隣接権者の双方から許諾を得ることが必要になります。

たとえば、シンガーソングライターAが作詞・作曲して歌った曲をレコード会社BがCD化している場合、その音楽CDに収録された曲を複製などするためには、AとB双方の承諾が必要になるのです。

◉ 著作隣接権にはさまざまな種類がある

現代社会では、著作物をさまざまな手法で世の中に伝達することができます。また、文化の発展に伴い、新たに創作を加えて、元の著作物に一層の価値を加えることも可能になってきました。

そこで、著作隣接権といっても、さまざまな人々（法人を含む）に対し、その人々に応じた権利が認められています。具体的には、以下のものがあります。

① 実演家の権利

俳優、舞踏家、演奏家、歌手、落語家、指揮者など、実演を行う者や実演の指揮・演出をする者に認められる権利です。具体的には、譲渡権、貸与権、録音権・録画権、放送権・有線放送権、送信可能化権、商業用レコード（市販されている音楽CDなどのこと）の二次使用料

■ 著作隣接権のしくみ

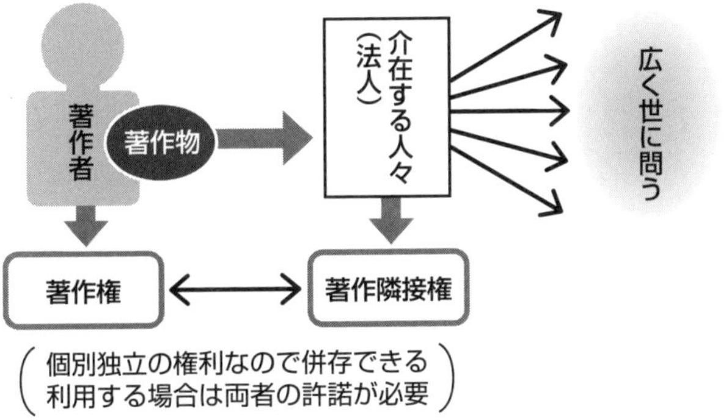

請求権（放送事業者・有線放送事業者による商業用レコードを用いた放送・有線放送に対する報酬請求権のこと）、同一性保持権が認められています。人格権（譲渡や放棄ができない権利です）としての同一性保持権が認められるのが特徴です。

② レコード製作者（CD製作者）の権利

基本的にはレコード会社の権利と考えるとよいでしょう。レコード製作者（CD製作者）には、レコードの複製につき排他的・独占的な権利があります。その他、譲渡権、貸与権、送信可能化権、商業用レコードの二次使用料請求権も認められています。

③ 放送事業者の権利

地上波のテレビ局やラジオ局などの権利と考えるとよいでしょう。複製権、放送権、再放送権、送信可能化権、テレビジョン放送の伝達権が認められています。

④ 有線放送事業者の権利

ケーブルテレビ局や有線放送（有線ラジオ放送）事業者などの権利と考えるとよいでしょう。複製権、有線放送権、再有線放送権、送信可能化権、有線テレビジョン放送の伝達権が認められています。

◉ 著作隣接権はいつ発生していつ消滅するのか

著作権の取得に特別な手続が不要であるのと同様、著作隣接権の取得についても特別な手続は不要です。実演やCDの発売などが行われた時点で、著作隣接権が自動的に発生します。そして、著作隣接権は、それらが行われた日の属する年の翌年から起算して50年（TPP11発効後は70年）で消滅します。CDなどについては、収録年の翌年ではなく、発行年の翌年から起算します。また、著作隣接権を侵害する行為があった場合、著作隣接権者は、侵害者に対して、侵害行為の差止請求、損害賠償請求（損害が発生した場合）をすることができます。

相談　演奏した曲やその楽譜の著作権の保護対象

Case　即興で作った曲を演奏した人と、その曲を聴いて楽譜にした人がいた場合、その曲の著作権者は誰でしょうか。

回答　音楽の著作物について、即興で作った曲を演奏しただけでも、その曲は著作権法上の保護を受けるのです。

一方、その曲の演奏を聴いた人が、その旋律とリズムを聴いた通りに楽譜に表現したとしても、それは聴いた曲を譜面にそのまま再現したにすぎず、聴いた音楽を楽譜にする行為自体に創作性はありません。こうしたことから、音楽を聴いて楽譜にしたとしても、楽譜そのものには著作物性が認められないとされています。

したがって、即興で曲を作った人が周りに演奏して聴かせた場合、その曲を演奏した時点で、その曲は著作物となり、曲を作って即興で演奏した人がその曲の著作権者となります。

一方、即興の曲を聴いた通りに楽譜にした人は、その曲の著作権者とはなりませんので、作成した楽譜も著作物性が認められません。

相談　ダンスや舞とそれらの振り付けの著作権の保護対象

Case　著名なダンサーがダンスを踊った場合に、著作物として保護されるのは、振り付けとダンスのどちらでしょうか。

回答　著作権法は、ダンスや伝統芸能の舞を「舞踊の著作物」として保護しています。しかし、著作物と認められるためには、創作的であることが必要です。創作的であるか否かは、芸術的であることを厳密に要求する要件ではありませんが、裁判例の中には、ダンスなどの振り付けが著作物であることを否定した例もあります。

また、著作権として保護を受ける対象は、ダンサーや舞手が演じるダンスや舞そのものではありません。ダンスや舞の振り付けが「舞踊の著作物」として保護の対象となります。つまり、ダンスや舞についての著作権（著作財産権）を有する著作権者となるのは、ダンスや舞の振り付けを行った人（振付師）であるか、その振付師から著作権の譲渡を受けた人であって、ダンサーや舞手自身ではないのです。

とはいえ、振付師がどんなにすばらしい振り付けを考えても、それを実際に演じる人がいなければ、その振り付けを公衆に見せることはできません。そこで、振付師が創作した振り付けを体現してくれるダンサーに対しては、著作権法上の実演家として、自ら踊ったダンスについて著作隣接権（実演家の権利、139ページ）を保障しています。

つまり、ダンスについては、振付師などの著作権や、ダンサーの著作隣接権が保障されているので、これらの侵害を回避するには、振付師やダンサーの許諾を得ておくべきでしょう。ただし、営利を目的とせず、かつ、観客から料金を徴収しない場合（営利を目的としない上演等）には、許諾を得ることなくダンスを上演することができます。

相談 ライブ会場での録音と著作権侵害

Case 有名ミュージシャンのライブを録音するのは、著作権を侵害することになるのでしょうか。

回答 ミュージシャンのライブには、作詞家・作曲家の著作権や、演奏者の著作隣接権がありますから、ライブを録音するためには、これらの権利者から許諾を得る必要があります。ただし、自分で楽しむだけのために録音するのであれば、著作物の「私的使用」となり、自宅でテレビ番組を録画して自分で見るのと同様、著作権法上の問題は生じないことになります。ただし、録音したものを友人に貸すこと、コピーして頒布すること、インターネット上に公開することは、いずれも著作権侵害になるので注意が必要です。

多くのライブ会場では「録音禁止」（機器の持ち込み禁止）の張り紙があったり、開演前にそうしたアナウンスがされることもありますが、これは「主催者の意思」または「入場時の契約・合意」の問題で、著作権法上の問題ではありません。この場合、自分だけで楽しむ「私的使用」の目的で無断録音をすることは、著作権法とは別の問題（契約上の問題など）を発生させます。

相談　邦楽CDの国内販売を目的とする輸入と著作権侵害

Case　Ｊ－ＰＯＰの海外版CDの正規品を輸入して日本国内で販売するのは、著作権を侵害することになるのでしょうか。

回答　とくにアジア地域では、日本のアイドル歌手のCDなどが、海賊版ではなく正規にライセンスされたものについても、日本国内に比べて安価で販売されているのを見かけます。正規品であれば、著作権法上は何の問題もないはずです。これを逆輸入してネットオークションなどで売ればビジネスになる、と考えるところでしょう。本来、外国に正規にライセンス（輸出）されたものを輸入し、日本国内で販売することは、著作権や著作隣接権の侵害にならないのが原則です。

しかし、音楽CD（音楽レコード）については、安価な邦楽CDが大量に逆輸入されることによる著作権者や著作隣接権者の不利益を防止するため、2004年の著作権法の改正で、一定の要件（日本国内で販売されてから４年を経過していないなど）を満たす場合に、邦楽CDの国内販売を目的とする輸入を著作権侵害とみなす「音楽レコードの還流防止措置」が定められました。したがって、本ケースの行為は、邦楽CDの種類によっては著作権侵害となります。

2 ゲームソフトも著作物といえるのか

ゲームソフトは映画の著作物にもなりうる

◉ ゲームソフトの著作物性

1983年に任天堂から家庭用ゲーム機「ファミリーコンピュータ」が販売されて以来、ゲームソフトは私たちの生活に非常に身近なものになりました。ゲームソフトを構成しているのは、C++やJavaScriptといったプログミング言語です。ゲームソフトには、制作者の独自の工夫や意図が含まれており、創作性を有していることから、著作権法上の「プログラムの著作物」として扱われると考えられます。

さらに、ゲームソフトの特徴として、プログラムを起動することにより、テレビ、スマートフォン、携帯ゲーム機などに映像が映し出されることが挙げられます。これらの映像は、映画、ドラマ、アニメなどのようにコマをつないで映し出されるものではありませんが、テレビなどに映し出される点では共通しています。

そして、最近のゲームソフトは映像や効果音を多用するのが一般的なので、静止画が非常に多く効果音も限定されるものを除き、著作権法上の「映画の著作物」にもあたると考えられます（148ページ）。

◉ 中古ゲームソフト販売は著作権の侵害か

ゲームソフトが著作物として認められると、その製作者（ゲーム会社など）が著作権者となりますから、著作権者に無断でゲームソフトの譲渡（販売）、複製、変形（改変）などをすれば、著作権侵害の問題が生じます。しかし、街中には中古ゲームソフト（中古ソフト）を販売する業者が多数存在します。「ゲームソフトの買取をしてもらい、別の中古ソフトを購入したことがある」という人も多いでしょう。では、中古ソフトの売買は著作権侵害になるのでしょうか。

著作物の譲渡権については、最初の適法な譲渡があると、その後の再譲渡には譲渡権が及びません（**譲渡権の消尽**）。つまり、適法にゲームソフトを購入した時点で、その譲渡権は消滅しますから、その後の買取や買い取った中古ソフトの販売は、著作権を侵害しません。

ただし、ゲームソフトが「映画の著作物」となる場合、その著作権者には、譲渡権・貸与権の代わりに「頒布権」（複製した著作物を不特定多数に譲渡・貸与する権利のこと）が与えられます（26ページ）。この頒布権には、譲渡権の消尽のような制度がないため、著作権者に無断で中古ソフトの買取・販売をするのは、著作権（頒布権）侵害にあたるようにも思われます。しかし、判例によると、ゲームソフトの場合は、譲渡権の消尽と同様、最初に適法に譲渡した時点で、再譲渡について著作権者の頒布権は及ばないとされます。したがって、無断で中古ソフトの買取・売買をしても、著作権侵害にはあたりません。

ただし、頒布権が及ばないのは「ゲームソフトの再譲渡」に限られますから、中古ソフトの貸与することや、コピー（複製）して転売することは、無断で行うと著作権侵害になる点に注意してください。

■ 中古ゲームソフトの販売

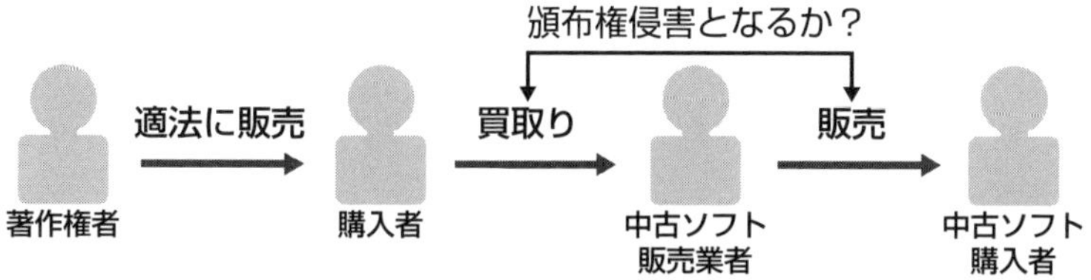

最高裁判例

適法に販売された時点で、再譲渡には著作権者の頒布権が及ばない

∴中古ソフトを無断で買取・販売しても著作権侵害にあたらない

※中古ソフトの無断貸与や複製物の無断転売は著作権侵害にあたる

相談 ゲームソフトの違法コピーと著作権侵害

Case 違法にコピーされたゲームソフトを、それと知りつつ購入することは、著作権を侵害したことになるのでしょうか。

回答 ゲームソフトをはじめ、音楽CD、映画DVDなどを、著作権者の許諾を得ずに複製し（違法コピー）、その複製物を販売することは、刑事罰の対象にもなる著作権侵害行為です。これに対し、違法コピーされたゲームソフトを、それと知りつつ購入することも、同じように著作権侵害行為となるのでしょうか。

違法コピーされたCD・DVDなどを購入すること自体は、それを知っていたとしても、著作権侵害行為にあたりません。購入したものの複製・譲渡などを行った時点で著作権侵害行為となります。本ケースの場合も、著作権侵害行為とならないのが原則です。

ただし、インターネット上に違法に配信された音楽・映像の著作物に限り、著作権を侵害する違法なものであることを知りながら、そのデータをダウンロードして録音・録画する行為は、私的使用目的に過ぎないとしても、例外的に刑事罰に対象にもなる著作権侵害行為にあたるとされています（違法ダウンロード）。そして、映画の著作物にあたるゲームソフト（144ページ）であれば、上記の「音楽・映像の著作物」に含まれ、違法ダウンロードに該当する余地があります。

しかし、違法コピーされたゲームソフトのCD・DVDなどの記録媒体の購入であれば、著作権侵害行為にあたりません。しかし、違法コピーされたゲームソフトの購入は、著作権侵害を助長することになるので、法的に問題はないとしても購入は控えるべきでしょう。

なお、ゲームソフトが違法コピーであることを知りながら、頒布の目的（転売目的など）で所持していると、著作権侵害行為があったとみなされることに注意が必要です。

相談　プログラムの私的利用と複製権や公衆送信権の侵害

Case　著作権者に無断でプログラムを公開しているWebサイトから、パソコンにインストールして遊ぶ将棋ゲームをダウンロードすることは、著作権侵害となるのでしょうか。

回答　著作権法によって保護されるプログラムとは、コンピュータなどの電子計算機を機能させて、特定の動作を行うよう指令などを行うものをいいます。そして、コンピュータゲーム（PCゲーム）もプログラムにあたるので、プログラムの著作物として著作権法上の保護が及びます。そのため、PCゲームの著作権者に無断で、そのPCゲームをインターネット上に公開し、ダウンロードできる状態にした場合は、著作権（複製権・公衆送信権）を侵害していることになります。

そして、このような著作権を侵害するインターネット上に公開された違法コピーのうち「音楽・映像の著作物」にあたるものを、違法であるのを知りながらダウンロードする行為は、私的使用目的に過ぎなくても著作権の侵害にあたります（違法ダウンロード、前ページ）。

しかし、本ケースの将棋ソフトは、静止画が圧倒的に多く効果音も限定されるため、音楽・映像の著作物にあたらず、違法と知りつつダウンロードすること自体は、違法ダウンロードにあたらないと考えられます。そうであっても、将棋ゲームを私的利用ではなく他人に譲渡する目的でダウンロードした場合や、ダウンロードした将棋ゲームをインターネット上に公開した場合は、著作権侵害にあたります。

なお、プログラムが著作権を侵害する形態で違法に作成されたことを知りながら、これを使用する行為は、とくに経済的損失が大きいとされる業務上の使用に限り、著作権侵害行為とみなされます。一方、違法に作成されたことを知りつつも、将棋ソフトを個人的に使用する行為は、私的使用目的なので著作権侵害とみなされません。

3 著作権法上の映画について知っておこう

一般的な映画の意味よりも範囲が広い

◉ 映画の著作物にあたるものとは

著作権法では、著作物のひとつとして**映画の著作物**を例示しています。一般に「映画」というと、劇場公開の映画を指しますが、劇場公開した中からDVD化・ビデオ化して販売・レンタルされるものもあれば、劇場公開後のテレビ放送やインターネット配信のためにビデオテープやサーバに録画（保存）されるものもあります。これらのうち、どこまでのものを「映画の著作物」として扱うのでしょうか。

映画の著作物であるか否かの判断について、著作権法２条３項を見ると、「この法律にいう『映画の著作物』には、映画の効果に類似する視覚的又は視聴覚的効果を生じさせる方法で表現され、かつ、物に固定されている著作物を含むものとする」と規定しています。したがって、劇場公開される映画はもちろん、それと似たような効果を有する映画をDVD化・ビデオ化した映像も、DVDやビデオテープという物に固定されているため、同じく「映画の著作物」に含まれます。

また、映画が録画されているものも、ビデオテープやサーバの保存装置（ハードディスクなど）という物に固定されていますから、「映画の著作物」に含まれるということができます。

では、ドラマ、アニメ、ドキュメンタリー、クイズ、バラエティといったテレビ番組は、どのように扱われるのでしょうか。

これらのテレビ番組も、影像（映写された人の姿など）が連続するという映画の効果と似ている視覚的・視聴覚的効果を生じさせる方法で表現されており、ビデオテープやサーバの保存装置などに固定されていますから、これらも「映画の著作物」として扱われます。

この他の映像作品として、テレビCM、企業案内のビデオ、交通事故防止啓発といった公的なビデオなどがあります。これらは映画やテレビ番組よりも撮影時間が短いことが多く、撮影者の思想や感情が介入する余地も少ないといえます。しかし、その中でも創意工夫がなされている（創作性がある）ため、多くが「映画の著作物」として扱われています。また、ホームムービーであっても、撮影者の思想や感情が表現されていれば、「映画の著作物」になる可能性があります。

◉ 映画の著作権は誰にあるのか

劇場公開の映画には、多くの人が関与しています。具体的には、プロデューサー（映画化の企画立案やスポンサー探しなどを担当する）、脚本家、監督（映画制作の指揮を担当する）、カメラマン、出演者（俳優、子役、エキストラなど）、技術者（美術・衣装などを担当する）などが挙げられます。通常の著作物であれば、その著作物を創作したすべての者が著作者となります。しかし、映画の著作物の著作者については、著作権法16条で「制作、監督、演出、撮影、美術等を担当してその映画の著作物の全体的形成に創作的に寄与した者」と規定して、著作者の範囲を限定しています。つまり、プロデューサー、監督、美術担当者、カメラマンといった人が映画の著作者に該当します。

ただし、映画の著作物の著作権（著作財産権）は映画製作者に帰属するのが一般的です。これは、著作権法29条の「著作者が映画製作者に対し当該映画の著作物の製作に参加することを約束しているときは、当該映画製作者に帰属する」との規定によるものです。具体的には、スポンサー、制作委員会などが映画制作者に含まれます。

◉ 映画配給会社について

制作された映画は、それだけでは観客の目に届きません。映画館で上映する、DVD化して販売・レンタルする、テレビ放送やインターネット配信をする、といったことを行って、初めて観客の目に届けることができます。そして、映画館での上映などを行う権利は、映画の著作物の著作権者が有するわけですが、現在の日本では、このような権利の行使を映画制作者ではなく「映画配給会社」が行っています。

映画配給会社とは、売りたいと思う映画を買い付け、上映する映画館の確保、映画の広告・宣伝、DVD化などの業務を行っている会社です。映画の買付けにおいて行われるのは、映像が録画されたデータやビデオテープの受け渡しだけではありません。著作権者（映画制作者）から必要な著作権を買い付ける（購入する）ことも含まれています。上映権を購入すれば、どの映画館でどのぐらいの期間、映画を上映するかを映画配給会社が決めることができますし、頒布権を購入すれば、映画配給会社が映画をDVD化して、そのレンタル・販売などを行うことができるようになるわけです。

このように、映画配給会社は、上映や広告などの配給活動をする際に、著作権譲渡の対価として契約金を支払うことで、著作権侵害の問題を解消しています。これを行わないまま、著作権者に無断で配給活動をすれば、著作権侵害を指摘されます。また、著作権譲渡の契約を締結していても、許諾を得ていない権利に関する行為をすれば、著作権侵害になることがあります。

◉ ブログなどへの掲載について

映画やテレビCMの印象的な１コマを抽出してSNSなどに紹介した場合、著作権侵害の問題が生じるのでしょうか。映画の著作物の映像は、その１コマがありふれた景色であっても、どの範囲を、どの角度から、どの時間帯に撮影するのかなど、著作者の思いや独自の工夫が盛り込まれています。その意味では、たとえ１コマであっても、映画の著作物に該当するといえるでしょう。したがって、SNSなどに掲載するためには、著作権者の許諾を得る必要があります。

4

映画を録画したDVDの販売行為について知っておこう

映画館での録画については著作権保護が強化されている

◉ どんな権利を侵害するのか

テレビで放送されたドラマを録画（保存）したものをDVD化して販売するには、そのドラマの著作権者と著作隣接権者すべての許諾を得ることが必要です。具体的には、著作権者としてドラマを制作した番組制作会社の許諾が、著作隣接権者としてドラマを放送したテレビ局やドラマに出演した俳優の許諾がそれぞれ必要です。

とくに放送事業者（または有線放送事業者）にあたるテレビ局が有する著作隣接権に注意が必要です。著作隣接権として、地上波テレビ局などの放送事業者は、複製権、放送権、再放送権、送信可能化権、テレビジョン放送の伝達権を有しています。一方、ケーブルテレビなどの有線放送事業者は、複製権、有線放送権、再有線放送権、送信可能化権、有線テレビジョン放送の伝達権を有しています。ドラマや映画を録画したものをDVD化して販売する行為は、放送事業者（有線放送事業者）が有する複製権を侵害するおそれがあります。

また、出演した俳優が有する著作隣接権にも注意が必要です。俳優は著作権法上の「実演家」に位置づけられます。実演家は、譲渡権、貸与権、録音権・録画権、放送権・有線放送権、送信可能化権、二次使用料を受ける権利、同一性保持権を有しています。放送されたドラマや映画をDVD化して販売する行為は、譲渡権や二次使用料を受ける権利などの侵害にあたる可能性があります（139ページ）。

このようにドラマや映画をDVD化して販売するにあたって、著作権者や著作隣接権者の許諾を得ていれば問題はありませんが、許諾を得なければならない権利者は、上記のように多数に上ります。著作権侵害を防ぐためには、権利者全員の許諾を得ておく必要があります。

テレビで放送された映画をDVD化して販売する場合も同じく、映画製作者（著作権者）や出演した俳優（著作隣接権者）など、映画に関する権利者すべての許諾を得なければなりません。

◉ 私的利用ならOKなのか

仮にテレビで放映された映画を録画してDVDに記録しても、その目的が販売（頒布）ではなく、自分が鑑賞するためである場合は、私的利用目的の範囲内となり、原則として著作権侵害になりません。

◉ 映画館での映画の録画と著作権侵害

高性能のデジカメが普及したため、映画館で見ている映画をその場で録画し、自宅に持ち帰り再度見直すことが可能となっています。また、スマートフォンやICレコーダーで音声だけを録音するといった行為も容易にすることができます。

上記のような方法で録画をした映画を、DVDに焼きつけて販売したり、ファイル共有ソフトを使ってファイル交換のために提供する行為は、無断すると著作権侵害にあたります。

とくに問題になるのが、録画した映像を自宅で視聴する程度の「私的使用」のために複製した場合です。

著作権法では、私的使用目的による著作物の複製を原則として認めていますから、その部分だけを見れば、著作権侵害にあたらないといえるかもしれません。しかし、映画館で録画されたものが、後に海賊版DVDとして販売されているという事態が深刻化しました。映画館においても、入場時に「ビデオカメラの持ち込みは禁止」とアナウンスするなどの対応策を講じましたが、こうした盗撮行為はなくなりませんでした。

これでは映画製作者などの権利を守ることができないので、2007年に「映画の盗撮の防止に関する法律」が制定・施行されました。この法律では、観客から料金を受けて上映される映画の映像の録画または音声の録音を「映画の盗撮」と定義した上で、映画の盗撮に関しては私的使用目的のための複製を認める著作権法の規定を適用しないとしています。これに違反して映画の盗撮を行うと、10年以下の懲役または1,000万円以下の罰金（両方の併科あり）が科されます。この法律の規定は著作権法の規定に優先されます。

なお、この法律の適用により映画の著作物が保護されるのは、観衆から料金を受けて上映が行われた日から８か月の間です。それ以降は通常の著作権法の規定が適用されることになります。

◉ 著作権侵害にならない場合がある

映画の盗撮などの意図的な著作権侵害行為ではなく、自身が写真の撮影等（写真撮影、録音、録画）の方法によって著作物を創作する過程で、著作権の侵害が問題になる場合もあります。たとえば、撮影したビデオの背景に、他人の絵画やキャラクターが写り込んだ場合などが挙げられます。このように、写真の撮影等の方法によって著作物を創作する過程で、結果的に他人の著作物を利用する行為について、著作権法は「付随対象著作物の利用」という規定を置いています。

つまり、自己の写真の撮影等（これ自体が著作物の創作にあたります）によって、他人の著作物の複製や翻案が行われたとしても、写り込んだ著作物の著作権者を不当に害することにならない場合には、このような他人の著作物（付随対象著作物）の複製や翻案は著作権の侵害にあたりません。ビデオや写真の撮影において、他人の著作物が写り込むことは比較的容易に起こる事態であって、これを著作権侵害行為としてしまうと著作物の創作行為を不当に萎縮させるからです。

もっとも、付随対象著作物の複製や翻案が許されるのは、創作しようとする自己の著作物から、写り込んだ付随対象著作物を分離することが一般的に見て困難であると認められる場合に限定されます。

また、録音や録画などの技術開発や実用化のために行う試験に必要な範囲で著作物を利用する行為も、著作権侵害にあたりません。

さらに、2018年の著作権法改正では、イノベーションの創出を促進するため、技術開発や実用化のための試験の他にも、コンピュータを用いた情報解析など、著作物に表現された思想や感情を楽しむ（享受する）ことを目的にしない形態での著作物の利用について、著作権侵害行為から除かれることが規定されています。

これまで情報機器やインターネットなどに含まれている情報などの著作物を利用する行為について、機器の保守や修理などの目的で利用する行為が著作権侵害行為にあたらないと規定されていました。

2018年の著作権法改正により、このような利用行為の他にも、広く情報機器などの円滑化・効率化をめざして行われる利用行為（情報解析や所在検索などのサービス）について著作権侵害行為にあたらないことが規定されています。

■ 映画の録画・録音が盗撮となる場合

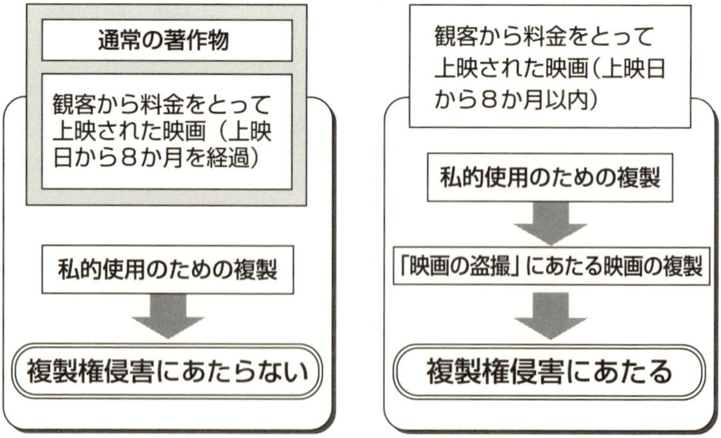

相談　映画の海賊版DVD販売と頒布権侵害

Case　映画の海賊版DVDを輸入して販売することは、著作権上問題はあるのでしょうか。

回答　海外で駐在員をしている友人から、「日本で大ヒットしている映画の海賊版DVDが、この国では正規品の10分の１以下で手に入る。日本の著作権法で定める複製権は、外国で複製することまでには及ばないはずだから、著作権違反にはならないはず。それを日本で販売して儲けを折半しよう」との誘いを受けた場合、本当に著作権法上の問題はないと考えてよいのでしょうか。

著作権は「権利の束」といわれており、複数の権利の集合体です。たしかに、日本の著作権法で定める複製権は、海外での複製には及びません。しかし、映画の著作物の場合は、映画（その複製物も含む）の譲渡・貸与を独占的に行う権利である頒布権が、その映画の著作権者（映画会社など）に与えられています。したがって、違法にコピーされた海賊版DVDを輸入し、日本国内で販売することは、映画の著作権者が有する頒布権を侵害することになります。実際に、海外で作られた洋画やアニメの海賊版DVDを販売したことによって、著作権侵害で逮捕・起訴され、刑事罰を受けるケースはよくあります。

相談　営利を目的としない上映と著作権侵害

Case　学校の授業の一環で、教師が市販の映画を著作権者の許諾を得ずに上映した場合、著作権侵害となるのでしょうか。

回答　著作権者は上映権という権利を有しています。上映権とは、著作物をスクリーン（映写幕）やOHP（プロジェクター）などに映す権利です（上映権の対象は映画に限定されません）。したがって、映画を上映する場合には、原則として映画の著作権者の許諾が必要です。

ただし、映画の上映に際して、映画の著作権者の許諾を得なくてもよい場合もあります。具体的には、営利を目的としない上映で、実際にその映画を上映するときに入場料をとらない場合には、著作権者の許諾を得ずに上映しても著作権侵害とはなりません。

学校の授業の一環で教師が映画を上映する場合、学校内の教室や体育館などに生徒を集めて上映するのが通常です。その際、生徒から入場料をとることは考えられず、学校の授業の一環である以上、営利を目的としていません。したがって、教師が学校の授業の一環で著作権者に無断で映画を上映しても、著作権侵害とはなりません。

なお、2018年の著作権法の改正では、学校の授業の過程に必要な範囲で、著作物の複製や公衆送信を行うことができることが明示されました。公衆送信を行う場合は、学校などの教育機関の設置者が、著作権者に補償金を支払うことが必要です。これにより、補償金を支払えば、生徒のタブレット端末などに、授業の資料として映画や書籍などの著作物を送信することが可能となります。

相談　有名小説を題材にした小説や映画と著作権侵害

Case　著作者の同意なく有名小説の登場人物を使った小説や映画は著作権侵害になるのでしょうか。

回答　有名小説の読者やファンの中には、好きな登場人物を自分の思いどおりに動かしたい、アニメや実写などの形で映像化したいなどと考えている人も多いでしょう。しかし、それらを著作権者に無断で行うと、著作権の侵害となる可能性があります。

小説の場合、その一部を無断転載して自分の著作物を作るのは、著作権（複製権・翻案権）の侵害にあたりますが、小説に登場する登場人物や時代背景といった部分だけを流用し、ストーリーや表現は自分で考えたという場合はどうでしょうか。

小説が著作物として扱われるとしても、その小説に登場する登場人物は著作物でないというのが一般的な見解です。したがって、たとえ有名小説の登場人物を使用し、著作権者に無断でその小説の続編を創作しても、著作権侵害にはあたらないことになります。

しかし、有名小説の登場人物にはファンも多く、著作権者の思い入れも強いはずです。そのような顧客誘引力のある登場人物を無断で使用して別の小説を作ると、パブリシティ権の侵害を理由に著作権者から損害賠償請求を受けるおそれがあります。有名小説の登場人物を使用したい場合は、著作権者の許可を得ることなどが必要でしょう。

有名小説の登場人物を使って映画化する場合も同様で、小説の登場人物や設定を使い、元の小説とはまったく別の映画を作る限り、登場人物に関しては著作権法上の問題は生じません。しかし、小説の内容を元に映画化する場合は、著作物である小説を変形する「翻案」(26ページ) にあたり、著作権者に無断で行うと著作権侵害になりますので、著作権者の許諾を得ておくべきでしょう。

■ キャラクターや時代背景の利用は著作権侵害とはならない ……

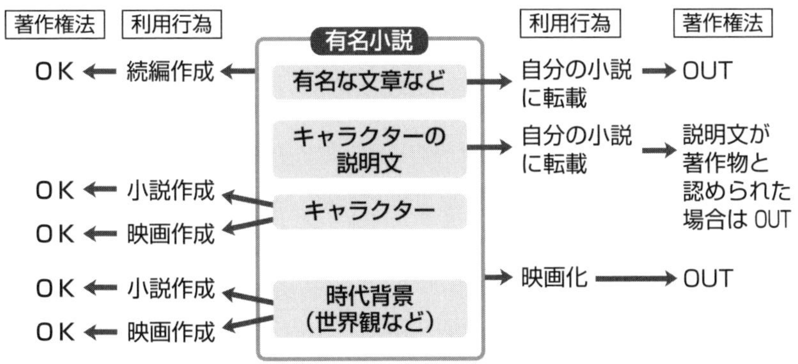

5 お店でTV番組やBGMを流す行為は著作権侵害なのか

録画したものかどうかがポイントになる

◉ TV番組を流す行為について

会社の食堂や病院の待合室の中には、テレビの番組をお客や患者が視聴できるようにしている場所があります。よく見かける光景ですが、テレビ放送されるドラマ、バラエティ、クイズなどの番組は、著作権法上は「映画の著作物」にあたり（生放送であっても同時に録画していれば映画の著作物に含まれます）、これを公衆に送信する権利（公衆送信権）は著作権者が有していることになります。したがって、場合によっては著作権侵害の問題が生じるおそれがあるのです。

・放送中のものを見せる場合

現在放送されている著作物（テレビの番組）を受信装置を用いて観衆に見せることは、営利を目的とせず、かつ、聴衆・観衆から料金をとらない場合には、著作権者の許諾を得ずに行うことができます。さらに、通常の家庭用受信装置（家庭用のテレビ）を用いて聴衆・観衆に見せることは、営利目的や有償であっても著作権者の許諾が不要です。たとえば、食堂や家電量販店がお客を呼び込むことを目的として、家庭用テレビで放送中の番組を流しても問題ありません。

・録画したものを見せる場合

食堂、病院の待合室、家電量販店などでテレビを使って番組を流す場合、それがハードディスクやDVDなどに録画していた番組である場合は問題があります。不特定多数のお客に見せることを目的とする時点で「私的使用」にあたらないため、無断複製が著作権侵害にあたります。また、営利目的があっても認められるのは「放送される著作物を家庭用受信装置を用いて公に伝達する行為」であり、営利目的で家庭用受信装置を用いて録画した番組を流す権利（上映権）は認めていません。したがって、録画した番組を著作権者の許諾なく食堂などで流すことは、著作権侵害となります。

◉ BGMを流す行為について

CDなどに収録されたBGMを流す場合、著作権侵害になる場合とならない場合があります。CDなどに収録された音楽を公衆の前で再生すると、著作権法上はその音楽を演奏したことになります。

この場合は、BGMの著作権者（作曲家や作詞家など）が有する著作権が問題となります。さらに、BGMを演奏している実演家が有する著作隣接権が問題となります。また、BGMの演奏を録音してCDを作成したCD製作者（レコード会社など）が有する著作隣接権も問題となります。

このように、CDに収録された音楽を再生するだけでも、音楽の著作権者、音楽を演奏する演奏家、演奏された音楽をCD化したCD製作

■ お店でＴＶ番組を見せると著作権侵害となる場合もある ………

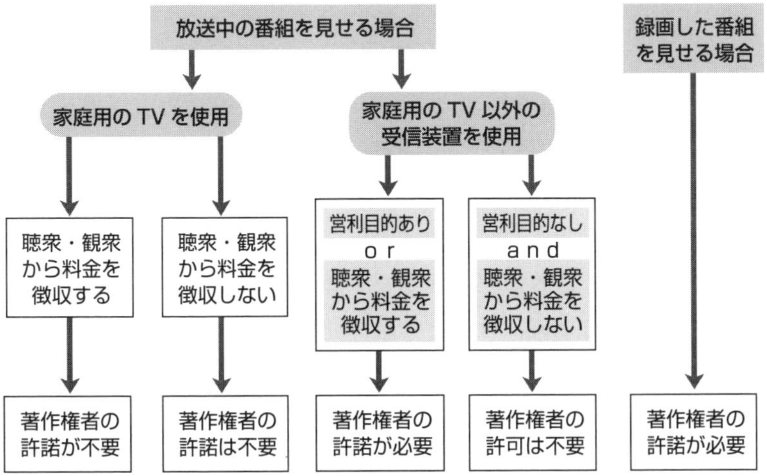

者が有する権利を侵害しないようにしなければならないのです。

購入したCDを自分の部屋で聴く行為は、私的利用目的に該当しますから、著作権法上の問題は生じません。自宅に友人などを招いた際にBGMとしてかける行為も問題ないでしょう。

しかし、購入したCDを営利目的に利用した場合は、著作権法上の問題が生じます。具体的には、お店でかけるBGMとしてCDを再生する場合や、音楽CDをコピーして自分のホームページ上でBGMとして流す場合などが問題となります。

① 一般的に著作権や著作隣接権の侵害になるのか

CDを再生する場合は、営利目的であれば、たとえ自分で購入したCDであっても著作権者の許諾が必要です。誰が著作権者であるのかがはっきりしないこともありますが、著作物が音楽である場合、多くの音楽がJASRAC（日本音楽著作権協会）に著作権の管理が委託されています。JASRACはホームページ（http://www.jasrac.or.jp/）で手続について説明しています。ホームページから申込書のダウンロードなどもできますから、JASRACが著作権を管理している音楽は、JASRACのホームページ上から手続を行うとよいでしょう。

これに対し、CDからコピーしたもの（カセット、MD、音楽プレイヤー、スマートフォンなどにコピーした音楽）をBGMとして再生する場合は、著作権者に加えて、著作隣接権者である実演家やCD製作者の許諾も必要です。著作隣接権として実演家は録音・録画権、CD製作者は複製権を有しており、営利目的の（私的利用目的を超えた）無断コピーは、これらの権利の侵害にあたるからです。

② クラシックであれば著作権フリーなのか

著作権（著作財産権）は、著作者の死亡時から50年後（TPP11発効後は70年後）に消滅します。こうしたことから、クラシック音楽には著作権法上の制限がないと思われることが多いようです。

実際にクラシック音楽の多くは、著作者である作曲家の没後50年

（70年）を大きく経過しています。したがって、クラシック音楽の作曲家の譜面をもとに演奏する場合は、著作権者（作曲家を相続した人など）の許諾は不要です。しかし、クラシックが収録されたCDについて著作権法上の権利がないというわけではありません。前述したように、音楽CDには著作権者が有する著作権以外に、実演家やCD製作者が有する著作隣接権も関係してくるからです。クラシックのCDをそのままお店のBGMとして再生する場合であれば、著作隣接権者である実演家やCD製作者の許諾を得る必要はありません。しかし、CDからコピーしたものをお店のBGMとして再生する場合は、実演家やCD製作者の許諾を得ることが必要です。

なお、クラシックのCDによっては、元々のクラシック音楽を編曲したものを収録している場合があります。この場合は、編曲が二次的著作物にあたり、編曲者に著作権が発生しています。そのため、CDをそのままお店のBGMとして再生するとしても、編曲者の許諾が必要です。もちろん、CDからコピーしたものをお店のBGMとして再生する場合も、編曲者に加えて著作隣接権者の許諾が必要です。

■ お店でBGMを流す場合には権利者の許諾が必要……………………

最近流行している曲が収録されたCDをかける場合	CDをそのまま再生	著作権者の許諾 ⇒ 必要 著作隣接権者の許諾 ⇒ 不要
	CDからコピーしたものを再生	著作権者の許諾 ⇒ 必要 著作隣接権者の許諾 ⇒ 必要
クラシック音楽が収録されたCDをかける場合	CDをそのまま再生	著作権者の許諾 ⇒ 不要(※) 著作隣接権者の許諾 ⇒ 不要
	CDからコピーしたものを再生	著作権者の許諾 ⇒ 不要(※) 著作隣接権者の許諾 ⇒ 必要

(※) 著作権が消滅していない編曲者がいる場合はその許諾が必要

相談　営利目的と著作権侵害

Case　レストランやチャリティーコンサートで著作権者に無断で曲を演奏した場合には著作権侵害となるのでしょうか。

回答　人前で楽曲を演奏するには、原則としてその楽曲の著作権者の許諾が必要です。楽曲の著作権者は演奏権を有しているからです。演奏権とは、楽曲を不特定の聴衆や多数人を相手に演奏する権利のことです。ただ、著作権者に無断で演奏しても、その演奏が私的使用の範囲内であれば、著作権侵害とはなりません。一方、著作権者に無断で公に演奏した場合、原則は著作権侵害となりますが、その演奏が営利を目的としなければ、例外的に著作権侵害となりません。

したがって、学園祭やレストラン、コンサートホールで演奏する場合には、不特定の聴衆か多人数を相手に演奏することになりますから、私的使用の範囲を超えていると考えられます。この場合は、営利を目的としているかどうかで判断します。

まず、演奏者に対して報酬を支払う場合は、営利目的があると判断されます。入場料などと称して、聴衆から料金をとる場合も、営利目的があると判断されます。

レストランでの演奏についてですが、レストランでの演奏を聴くためには、レストランに入って何かを注文することが前提となりますから、営利目的に該当します。チャリティーコンサートでの演奏も、営利目的があると判断されます。チャリティーコンサートは、人助けのために、入場料などをとって資金を集めます。つまり、演奏を聴いた人から料金をとることが前提となっているため、チャリティーコンサートは営利目的と判断されるのです。

以上のように、レストランでの演奏もチャリティーコンサートでの演奏も、著作権者の許諾を得ずに行うと著作権侵害となります。

6 他人の動画やBGMを流す行為の法律問題

他人の動画やBGMを流す場合は著作権者の許諾が原則必要

◉ 他人の動画やBGMの利用で問題になる場合とは

他人の動画やBGMをプレゼン用に利用する場合、その動画やBGMの著作権に注意しなければなりません。プレゼンで利用するということは、スクリーンに動画を映すことや、プレゼン資料をスクリーンに映しているときにBGMを流すことを意味します。このように、スクリーンに著作物を上映する場合、著作権者が有する動画の上映権やBGMの演奏権との関連で問題が生じる場合があります。

まず、プレゼン資料にBGMをつけることは、私的使用目的の範囲を超えますので、そのBGMの著作権者の許諾を得ていないと著作権侵害にあたります。さらに、BGMがCDからコピーしたデータである場合は、著作権者に加えて著作隣接権者（実演家、CD製作者）の許諾も得ていないと著作権侵害にあたります（160ページ）。

次に、スクリーンに動画を映すことは、プレゼンがどのような状況で行われるかによって異なってきます。たとえば、他人の動画の利用許諾を得るかどうかを検討するため、社内の企画会議でプレゼンをする際に、その動画をスクリーンに映す場合は「検討の過程における利用」にあたりますので、著作権者の許諾は不要です。一方、プレスリリースの会場などで、他人の動画をスクリーンに映す場合は、その動画の作者の許諾を得ていないと、原則として著作権侵害となります。

◉ どんな権利を侵害するのか

プレゼンで他人の動画を再生した場合に問題となる著作権法上の権利は、著作権者が有する著作権のうち上映権と呼ばれるものです。

上映権とは、メディアに収録されている著作物を再生し、スクリーンなどに映写する権利のことです。主に映画の著作物を劇場で公開する権利として理解されてきたものですが、最近では映画以外の著作物の著作権者も上映権を有するとされています。

上映権については、公表された著作物で、営利目的がなく、聴衆や観客から料金を徴収しない場合で、不特定の人または特定多数の人に向けてスクリーンなどに上映した場合は、著作権者の許諾を得ていなくても、上映権を侵害したことにならないとの例外があります。

ただ、ここで言う「営利目的」とは、上映の対価として収益を得るという直接的に利益を得る意味だけでなく、もっと広い意味で理解されています。たとえば、動画を上映してお店の集客力アップにつなげる、自社製品のプレスリリースの会場で動画を上映するといった場合は、営利目的に含まれます。

したがって、プレゼンで他人の動画をスクリーンに映すことは、上記の例外にあたりませんので、無断上映であれば、著作権者の上映権を侵害することになります。

◉ プレゼンに他人が作成した図表を流用した場合

図表は、それがありふれた一般的なものである場合には、創作的に表現されたとはいえないため、著作物とは認められません。

たとえば、グラフをイラスト化して表現する程度の工夫は、誰もが思いつくありふれたアイデアです。このようなグラフは、著作物とは認められません。

したがって、プレゼンに他人の図表を無断流用した場合、その図表が著作物と認められるような創作的に表現されたものであれば、著作権侵害となりますが、ありふれた一般的なものであれば、著作権侵害とはなりません。

7 ヒット曲を作者に無断でアレンジする行為の法律問題

替え歌やアレンジを行う場合は著作者や著作権者の許諾が必要

◉ 無断で語りや台詞を入れたり替え歌にした場合は

ヒット曲であってもヒットしなかった曲であっても、世の中に公表された曲の創作した作曲家は、その曲の著作権を有しています。この公表された曲を作曲家に無断でアレンジして演奏した場合は、著作権法上の問題が生じます。これは曲だけでなく、曲につけられた詞についても同様です。曲はアレンジしなかったとしても、作詞者に無断で歌詞を変更して歌った場合は、著作権法上の問題が生じます。歌詞は変更しなくても、歌手が演奏の合間などに語りや台詞を入れて歌った場合は、同じく作詞家の許諾を得ていないと問題が生じます。

テレビなどでよく行われている替え歌はどうでしょうか。替え歌は元になる歌詞に別の歌詞をつけて歌われます。実は、替え歌も元の歌詞の作詞家の許諾を得ずに行うと、著作権法上の問題が生じます。

一方、元になる原曲の曲のみを用いて、原曲の歌詞とはまったく無関係な歌詞をつけた場合には、作詞家との間でというよりも、作曲家との間で著作権法上の問題が生じるおそれがあります。

なお、高校や大学などの学園祭において、ヒット曲などを原曲のまま演奏する限り、これを無償で行う場合は営利目的とならないため、著作権法上の問題は生じません（162ページ）。

◉ 勝手にアレンジすると同一性保持権の侵害となる

曲を創作した作曲家は、その曲に関する著作権を持っています。曲に歌詞がつけられている場合は、その歌詞を創作した作詞者が、その詞に関する著作権を持っています。

著作権（広義の著作権）には、著作権者の財産的な利益を保護するための著作権（狭義の著作権）と、著作者本人の人格的な利益を保護するための著作者人格権という２つの側面があります。曲や歌詞を著作者（作曲家・作詞家）に無断でアレンジした場合は、狭義の著作権のひとつである翻案権（26ページ）とともに、著作者に専属する著作者人格権の侵害が問題となります。とくに著作権者と著作者が異なるときは、著作者の著作者人格権に注意が必要です。

著作者人格権には、①公表権（著作物を公表するか否かを決定する権利）、②氏名表示権（著作物に著作者の氏名を表示するか否か、どのように表示するかを決定する権利）、③同一性保持権（著作物の同一性を保持する権利）があります。

これらの中で、曲や詞のアレンジに関して、ほとんど元の曲や歌詞を用いて一部を変更する場合に問題になるのは、**氏名表示権**と**同一性保持権**です。まず、一部を変更しても、著作者の著作物であることに変わりがないものについて、著作者の望む形で表示する（または表示しない）ことが必要です。そして、とくに問題になる同一保持権については、著作者の意思に反する著作物の本質的要素を維持したままの表現形式の改変が禁止されるため、著作者の著作物に対する思い入れを侵害するようなタイトルや内容の変更は、同一性保持権の侵害にあたる可能性があります。

このように、著作者の許諾を得ずに、曲のアレンジ、歌詞の変更、語りや台詞の挿入などをした場合は、営利目的でなくても、著作者の同一性保持権を侵害する可能性が生じることに注意が必要です。

もっとも、アレンジの程度がわずかである場合は、社会通念上許されると考えられています。たとえば、曲のスピードを少し遅くして演奏した場合や、リズムを少し変更した場合です。

これに対し、使用する元の楽曲の部分の方が少ない場合は、編曲や翻案にあたり、二次的著作物の問題になるおそれがあります。

8 補償金制度について知っておこう

機器購入時に知らないうちに支払っていることも多い

◉ どんな制度なのか

著作権法30条２項には、次のような規定があります。

「私的使用を目的として、デジタル方式の録音又は録画の機能を有する機器であって政令で定めるものにより、当該機器によるデジタル方式の録音又は録画の用に供される記録媒体であって政令で定めるものに録音又は録画を行う者は、相当な額の補償金を著作権者に支払わなければならない。」

この規定は、デジタル方式の機器を使って私的使用のための録音・録画を行う者に対し、補償金を支払うことを求めています。

本来、著作権法では私的使用を目的とする複製については、著作権の制限を定めており、著作権者に対する許諾も使用料も必要ないはずです。しかし、「デジタル方式の録音・録画」に限っては、補償金の支払いを義務づける制度を設けています。デジタル方式で録音・録画をすれば、容易に元の音源や画像と変わらない高品質の複製物ができます。これにより、たとえ私的使用の範囲で複製を行ったとしても、後になって著作権者の利益を大きく侵害する恐れが出てきたことから、このような**補償金制度**が設けられています。

補償金は、デジタル方式の機器や記録媒体を使って私的使用目的の複製を行う者が、著作権者に対して支払うものですが、個々の使用者が個々の著作権者に直接補償金を支払うのは現実的ではありません。そこで、対象の機器や記憶媒体の販売価格に補償金を上乗せするという方法がとられてきました。徴収された補償金は、指定管理団体である「私的録音補償金管理協会（sarah）」「私的録画補償金管理協会

(SARVH)」に集約され、そこから日本音楽著作権協会などの著作権団体を通じて各著作権者に分配されていました。

しかし、地上デジタル放送に完全移行終了後、デジタルチューナーを搭載する録画機器が補償金の支払いを必要とする対象機器にあたらないとする最高裁判所の判決を受けて、私的録画補償金は未徴収という扱いがなされていた結果、2015年に私的録画補償金管理協会は解散しました。また、私的録音補償金に関しても、多くの人が利用している、スマートフォンやパソコンなどのハードディスクが対象に含まれていないことから、実際に徴収される金額が少ないという問題が生じています。

◉ どんなものが対象なのか

著作権法施行令によって定められている「デジタル方式による録音・録画の機能を有する機器及び記憶媒体」には、次のようなものがあります。

・ミニ・ディスク（MD）
・コンパクトディスク（CD-R、CD-RW、CD-RAM）
・光ディスク（DVD-R、DVD-RW、DVD-RAM）
・ブルーレイディスク

■ 補償金を支払うしくみ

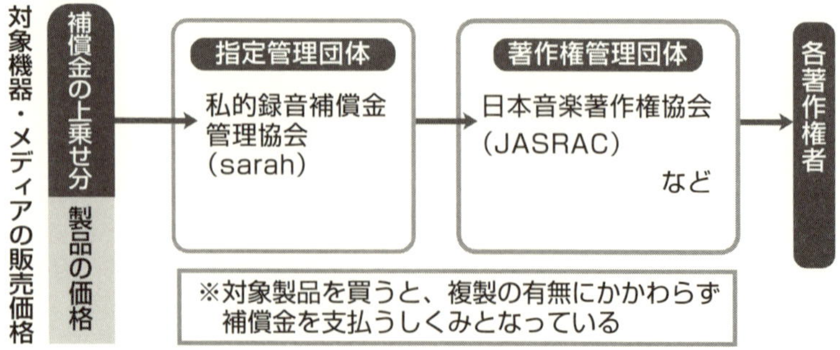

相談 コピー制限と著作権

Case 私的使用目的であっても、コピーに使う機器や方法によっては、著作権侵害にあたる場合があるというのは本当でしょうか。

回答 映像コンテンツなどの著作物は、私的使用目的であれば、著作権者に許可なくコピーなどを行うことができます。しかし、公衆の利用のために設置されている自動複製機器を利用した場合には、私的使用目的の複製であっても、許されません。公衆に設置された機器の利用は、大量複製につながるおそれがあるためです。たとえば、DVDレンタル店に設置された録画機（これが自動複製機器に該当します）を用いたDVDの複製などが挙げられます。

また、著作権侵害を防止するために、著作物であるデジタルコンテンツに対して、コピーを制限する技術的措置（技術的保護手段）を講じている場合があります。たとえば、DVDに収録された映像作品などにおいては暗号方式が採用されています。つまり、デジタルコンテンツのコピーを行うためには、暗号化されたデータを復号するための復号鍵を持った専用の機械を用いなければならず、復号鍵を持たない機械でのコピーを防ぐことが可能になります。

しかし、コピー制御信号や暗号方式による技術的保護手段を回避する技術を生み出す者も次々と現れています。そのため、著作権者が著作権侵害を事前に防止する措置をとっていても、著作権侵害行為すべてを回避することは困難です。そこで著作権法は、意図的に技術的保護手段を回避する手段によって、著作物を複製する行為は、たとえ私的使用目的であっても、著作権侵害行為にあたると規定しています。

さらに、技術的保護手段を回避する機能を持った機械などを他人に譲渡する行為や、業として（反復継続的に営利目的で）技術的保護手段を回避する行為については、刑事罰も規定されています。

9 音楽のダウンロードの法律問題

安易なダウンロードは著作権法違反になる可能性がある

◉ どのような場合に問題となるのか

携帯音楽プレイヤーやスマートフォンなどの小型機器に、音楽CDの楽曲をコピーしたものや、インターネット上からダウンロードした楽曲を蓄積して、これらを持ち歩いて聞くというスタイルは、すっかり定着しました。

楽曲のダウンロードの際に、アーティストが所属するレコード会社のサイトや正規の配信サイトを利用し、代金を支払っていれば問題ないのですが、無料をうたって配信をしている配信サイトの場合、著作権者の許可を得ているのかどうかを確認する必要があります。

また、WinnyやWinMXといったファイル共有ソフト（130ページ）を利用し、著作権者に無断で音楽のデータを交換すると、著作権（公衆送信権など）の侵害となる可能性があります。

◉ 音楽データの圧縮方式の普及による問題点

音声データの圧縮方式のひとつであるMP 3は、ほとんどの携帯音楽プレーヤーやスマートフォンなどで再生できることや、比較的音質がよいこと、データ容量が少ないことなど、利用者にとって使い勝手のよい特徴があります。このため、広く利用されていますが、利用方法を誤ると著作権法上の問題を生じさせる可能性があります。

たとえば、音楽CDのデータをMP3やWMAなどの形式で圧縮してパソコンに取り込み、SNS、ブログ、ファイル共有システムなど不特定または多数の者が無料でダウンロードできる状態にすることが容易にできてしまうのです。不特定または多数の者に向けて、これらの方法で音楽データをアップロードする行為が著作権（公衆送信権）の侵害にあたることはもちろんですが、侵害者の行為について、著作権者が差止請求などをしても、不特定多数への拡散による大量ダウンロードの危険に対応できず、著作権者の権利を十分に保護できないおそれがあります。

このような状況に対応するため、著作権法では、私的使用目的の範囲を超えて、無断コピーすること（複製権の侵害）や、ファイル共有システムなどに無断アップロードすること（公衆送信権の侵害）などが禁じられています。さらに、違法にアップロードされた音楽や映像のデータであることを知りながら、これをダウンロードする行為（デジタル方式による録音・録画）が、私的使用目的であっても著作権侵害行為にあたると規定されています（違法ダウンロード）。ただし、単に視聴しただけの場合は著作権侵害行為から除外されています。

そして、違法ダウンロードの対象が、CD、DVD、配信などで市販されている音楽や映像（有償著作物等）の違法コピーであることを知っていた場合は、刑事罰の対象となります（２年以下の懲役もしくは200万円以下の罰金またはその併科）。

■ 著作権法違反の音楽や映像のデータはダウンロードもＮＧ ……

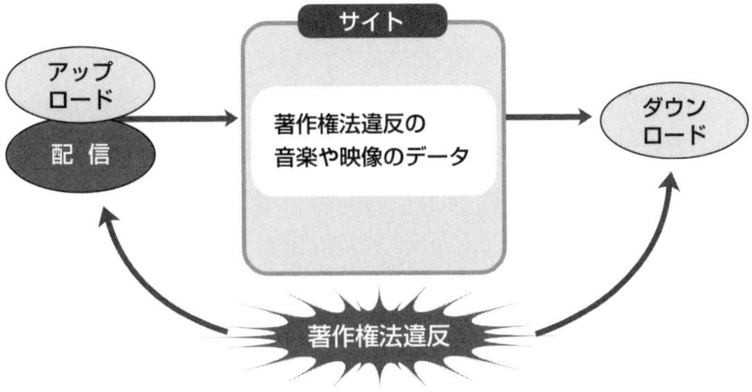

10 "YouTube" などの動画投稿サイトへの投稿と著作権侵害

投稿先により例外的に著作権者の許諾が不要の場合がある

◉ 動画サイト投稿の問題点

動画サイトに投稿する場合、投稿する動画の内容によっては著作権侵害となることに注意が必要です。たとえば、自分のペットを撮影して動画投稿サイトにアップしても、著作権侵害にはなりません。

これに対し、映画や音楽などのデジタルコンテンツを著作権者や著作隣接権者の許諾を得ないで投稿するのは、著作権や著作隣接権の侵害にあたります。テレビ番組を録画してそのまま動画サイトに投稿することも、著作権や著作隣接権の侵害にあたると考えられます。

しかし、実際のところは、こうした違法な投稿が削除されていない場合があります。その理由は、投稿される動画の数が多すぎてチェックする側が追いついていないことや、権利者があえて著作権や著作隣接権の侵害を主張していないことが多いようです。削除されていないから著作権や著作隣接権を侵害していないわけではないのです。

◉ 投稿先がJASRACと利用許諾契約を締結している場合

日本国内で公表された楽曲について、自分で演奏した動画を投稿する場合、投稿先である動画投稿サイトがJASRACと利用許諾契約を締結している場合（"YouTube"、ニコニコ動画など）は、取扱いが異なります。著作権者の許諾を得ないまま、演奏した楽曲をサイト上に投稿することは著作権侵害となるのが原則です。しかし、JASRACと利用許諾契約を締結している投稿先である場合は、自分で演奏した動画を投稿するのであれば、著作権侵害となりません。

これはJASRACと動画投稿サイトとの間の利用許諾契約に基づき、

JASRACが著作権を管理する楽曲を演奏した動画を投稿してもよいという取り決めになっているからです。利用許諾契約を締結している投稿先はJASRACのページ（http://www.jasrac.or.jp/info/network/ugc.html）でリストを公表しています。

ただ、JASRACが管理していない楽曲は対象外ですし（他の著作権管理団体と利用許諾契約を締結している動画投稿サイトも存在します）、JASRACが著作権を管理している楽曲であっても、著作権者や著作隣接権者が権利を有する映像や音楽のCD・DVDをコピーして投稿する場合は、これらの権利者の許諾を得なければなりません。

注意が必要なのはJASRAC管理楽曲の動画を投稿する場合も、楽曲を自分自身で演奏・歌唱する必要があるという点です。音楽CDの音源や音楽配信サイトからダウンロードした音源を利用して動画を投稿するのは、著作権法違反となり得ます。JASRACが著作権の管理を担当していても、著作隣接権の侵害にあたることがあるからです。

著作隣接権とは、著作権者に認められる著作権とは別に、著作物の伝達に役割を果たしている人に認められる一定の権利のことです。たとえば、著作物である楽曲を歌唱する歌手（実演家）や、CDの制作に労力や費用を投下したレコード会社（レコード製作者）に対し、録音権や複製権といった著作権に類似した権利が認められています。したがって、動画投稿行為が著作隣接権の侵害にあたり許されない場合があることを認識する必要があります。JASRACが管理する楽曲であるか否かは「J－WID」（ジェイ・ウィッド）と呼ばれる作品データベース検索サービス（JASRACのページから利用可能です）を利用することによって確認することができます。

なお、投稿した動画が著作権法違反であると判断された場合、著作権者や著作隣接権者から差止請求や損害賠償請求を受けるおそれがあるとともに、動画投稿サイトのアカウントの利用が凍結され、以後のサービス利用が制限（または禁止）される場合があります。

相談　動画サイトの動画をブログに貼り付けるとどうなる

Case　"YouTube"に投稿された動画をブログで表示したいと考えているのですが、何らかの法的規制はあるのでしょうか。

回答　動画サイトに自分や他人が投稿した動画を、ブログやSNSにおいて表示させ、より多くの人と共有したいと考えている人は少なくないと思います。ここでは"YouTube"を例に説明していきます。

"YouTube"には利用規約があり、基本的には投稿された動画をブログ、SNSなどの他のページに表示させる行為は、一般的に禁止されています。そのため、"YouTube"に投稿された動画をブログに表示させる（貼り付ける）ことは、原則としてできません。

しかし、"YouTube"の利用規約においては、"YouTube"が許可する方法に則って、ブログなどにおいて表示させる行為は許されると定められています。これは「埋め込みコード」による方法です。"YouTube"において動画を投稿する際に、その動画を他者が共有することを許可するか否かについて、「埋め込みを許可する」という事前の取り決めによって、選択することができます。そして、「埋め込みを許可する」という選択が行われた動画について「埋め込みコード」（「https://youtu.be/○○○○」という形式で示されます）を取得し、それをブログなどに貼り付けることによって、投稿された動画を表示することが可能です。なお、著作権や著作隣接権を侵害している動画は、「埋め込みコード」の取得によっても、ブログなどに表示させることは許されません。著作権などを侵害する動画は、著作権者などの申立てがあれば、随時削除されていきます。とくに、楽曲のミュージックビデオの動画をブログなどで表示したい場合には、著作権などを侵害していないレコード会社の公式チャンネルから「埋め込みコード」を取得する方法をとることがよいでしょう。

第７章

著作権の制限と著作権侵害

1 著作権が制限される場合もある

個人的な利用や引用に沿った利用であれば違法とはならない

◉ 権利は社会全体の利益と調和しなければならない

著作権（狭義の著作権）は、著作権者が著作物を排他的・独占的に利用できる権利です。言い換えると、著作権者の許諾なく、その著作物を他者が利用することは許されません。著作権を侵害すると、差止請求や損害賠償請求を受けることになります。

ただ、権利というものは、社会全体の利益（公共の福祉）に沿う必要もありますから、権利の性質によって、何らかの制限を受けることがあります。著作権にもこの考え方があてはまります。著作権法は、一定の正当な理由がある場合に著作権を制限し、著作権者の許諾なく、その著作物を利用できるとしています。

◉ どのような場合に制限を受けるのか

著作権法により、主に以下のような場合には、著作権者の許諾なく著作物を利用することができます。

① 個人的に利用する場合（私的使用目的）

著作物を複製（録画・録音など）しても、それが個人的にあるいは家庭内で楽しむための範囲にとどまるのであれば、著作権を侵害することにはなりません。たとえば、TVドラマなどをDVDに録画しておいて、後から自宅で楽しむ場合です。ただし、最近のCDやDVDに見られる録音・録画防止の信号などを除去した上で、それを複製する行為は著作権を侵害します（技術的保護手段の回避）。

② 引用として利用する場合

著作物を世に問うということは、それなりの批評を受けることは想定しておく必要があります。文化芸術はそのような切磋琢磨によって発展していくものです。そのため、次の５つの要件を満たせば、著作物を引用しても著作権を侵害することにはなりません（185ページ）。

・引用される著作物は公表済のものであること
・引用の目的上正当な範囲を引用していること（主従関係）
・引用する側の著作物と引用される側の著作物とを明瞭に区別して認識できること（明瞭区別性）
・原則として著作物の一部分を引用していること（全部の引用が許容される場合もあります）
・公正な慣行に合致した引用であること

■ 著作物の無断利用が許される場合

① 個人的に利用	TV ドラマの録画
② 引用として利用	引用の目的上正当な範囲内、明瞭区別性、主従関係などの要件を充たす場合
③ 図書館で利用	調査・研究・資料保存目的
④ 営利目的でない	図書館での貸し出し
⑤ 福祉・教育で利用	点訳、教科書への掲載、テストで使用
⑥ 訴訟で利用	必要な範囲での複製
⑦ 報道に利用	正当な目的、相当な方法で使用
⑧ 付随的・予備的利用	・写真に別の著作物が写り込んだ場合 ・社内検討のためにコピー
⑨ その他の利用	・放送事業者による一時的な録音や録画 ・美術品所有者による作品展示 ・プログラム所有者によるコピーなど

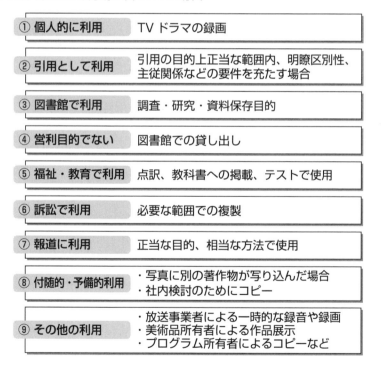

③　図書館で利用する場合

図書館（国会図書館、公立図書館、大学図書館、絶版等された資料については外国の図書館なども含む）が、利用者の調査・研究のため、または資料保存などのために、一定の範囲で著作物をコピーすることは、著作権侵害にあたりません。

④　営利を目的としない場合

公立図書館で書籍やCDを無料で貸し出すなど、営利を目的としない場合は、公表された著作物の貸与ができます。ただし、映画の著作物を貸与する場合は、権利者に対し補償金の支払いが必要です。

⑤　福祉や教育目的で利用する場合

公表された著作物の点訳（点字に訳すこと）や字幕表記などは、出所を明示すれば著作権者の許諾が不要です（視覚障害者や肢体不自由者等への配慮）。また、学校で使用する教科書への掲載や、試験問題としての複製なども、一定の条件の下で著作権者の許諾が不要です。

⑥　訴訟手続で利用する場合

訴訟手続に必要な範囲内で、公表されているかどうかを問わず、著作権者の許諾がなくても著作物を複製することができます。

⑦　報道のために利用する場合

時事の事件を報道するために著作物を利用することは、報道の目的上正当な範囲内であれば、著作権者の許諾が不要です。

⑧　付随的・予備的に利用する場合

写真撮影をする際、背景として絵画などの別の著作物が写真に写り込んだ場合、一定の条件のもとでその写真の複製・翻案について別の著作物の著作権者の許諾が不要となります。また、著作物の許諾を会議で検討する過程でその著作物を複製する場合も許諾が不要です。

⑨　その他の場合

その他、放送事業者による一時的な録音・録画、美術品の所有者による作品の展示なども、原則として著作権者の許諾が不要です。

相談　点訳と複製権侵害

Case　視覚障害者の依頼で、報酬を受け取って、著作者に断りなしに著書を点字本にするのは、著作権法上問題になるのでしょうか。

回答　点訳（活字を点字にすること）のボランティア活動を続けてきた人が、視覚障害者から、「作者不明の官能小説を、謝礼を渡すので点訳してほしい」と頼まれた場合、著作物を点字によって営利的に複製することになります。これは著作権侵害になるのでしょうか。

官能小説も著作物であることは誰にも異論のないところですが、著作物を著作権者に許諾を得ないで複製することはできないというのが原則です。ただし、例外として、公表された著作物を無断で利用できる場合があり、視覚障害者用に点字によって複製することや、点字をデータ化してインターネット経由で送信すること（公衆送信）ができるというのも、そのひとつです（視覚障害者等のための利用）。したがって、上記のケースの場合、作者不明なので著作者に許諾をもらうことはできませんが、点訳することによって複製権や公衆送信権を侵害することにはなりません。

また、視覚障害者等のための利用の例外規定は、非営利はもちろん、営利を目的とした点訳にも適用されるので、報酬をもらうことも、著作権法上問題にはならないということになります。

相談　図書館で行う蔵書の複製

Case　図書館で蔵書を複製しても著作権侵害とならない場合とはどんな場合なのでしょうか。

回答　原則として、他人の著作物を無断で複製すると、著作権侵害となりますが、図書館において複製してもらうときは、著作権侵害とならない場合があります。ここでは、著作権侵害とならない場合に関する要件を見ていきましょう。

ここで言う「図書館」とは、著作権法では「国立国会図書館及び図書、記録その他の資料を公衆の利用に供することを目的とする図書館その他の施設で政令で定めるもの」を指すと規定しています。具体的には、国立国会図書館の他、公立図書館（県立図書館、市立図書館など）や大学図書館などが含まれます。一方、図書館という名称がついていても、政令で定められていない施設である場合は、著作権法上の図書館には含まれません。

そして、図書館において著作権者の許諾なしに複製することが著作権侵害にならないとするためには、複製の目的が利用者の調査研究の用に供するものでなければなりません。また、複製する著作物は公表されたものでなければなりません。さらに、複製することができる分量も制限があります。つまり、公表された著作物の一部分にとどめなければなりません。

したがって、未公表の蔵書は対象外となりますし、その蔵書の大半を複製する場合も対象外となります。対象外となる場合は、蔵書の複製について著作権者の許諾を必要とするのが原則です。

その他、複製するセット数も制限があり、１人につき１部とされています。したがって、著作物の同じページの複製を１人につき２部以上行うことはできないのです。

2 どんな場合に盗作となるのか

他人の文章の盗作が認められると著作権侵害にあたるおそれがある

◉ 盗用は著作権侵害にあたるのか

インターネットが普及した現在では、インターネット上のサイトから文章をコピーして、それをパソコンなどの文書作成ソフトに貼り付ける（コピー・アンド・ペースト）といった行為が広く行われています。便利な機能であることは確かですが、この使用方法を誤ると著作権侵害につながるおそれがあります。また、コピー・アンド・ペースト以外にも、他人が書いた文章について、その幹になる部分は同一のまま、表現の細かな部分のみを変えることによって、あたかも自分が書いたかのように装うことも可能です。このように、コピー・アンド・ペーストや、他人の文章を自分が書いたかのように装う行為は、一般に**文章の盗用**と呼ばれます。

他人が書いた文章は、紙媒体の文章であれ、インターネット上の文章であれ、その他人の著作物であることは明確です。したがって、その文章を他人の許諾なくそのまま使用する形での盗用行為は、明らかに著作権侵害（複製権侵害）であることは、異論の余地がありません。しかし、実際に文章の盗用が問題になるケースは、表現を若干変えるなどして用いられていることが多いといえますが、表現が異なっていても、実質的に見てほぼ同じ文章であれば、それは他人の文章をそのまま使用したに等しく、著作権侵害となる場合があります。

もっとも、特定のテーマの下で文章を書いた場合は、同じような内容になることがあります。著作権侵害にあたるような他人の文章盗用といえるためには、一定の基準を充たす必要があります。

◉ 偶然の一致と意図的な盗用

他人の文章を盗用したというためには、まず意図的な盗用であることが必要です。対象になっている他人の文章の存在を知った上で、それを基に細部の表現を変更するなど、意識的に行った盗用行為は、著作権侵害の可能性が強くなります。つまり、意図的な盗用は、著作権侵害に必要とされている他人の文章への依拠性が認められます。

しかし、自分自身で書いた文章であっても、偶然に他人の書いた文章とほぼ一致することもあります。ある特定のテーマに絞っても、同じテーマを扱った文章の数は相当数になるため、そのテーマで文章を書くにあたり、存在する文章のすべてを把握することは不可能です。

したがって、他人の文章を知っていたか否かは、客観的に判断することが必要です。具体的には、客観的な状況の下で、盗用が疑われる人が、他人の文章の存在を知ることができる状況にあったか否かという点が重要です。たとえば、他人の文章が簡単に接することができるものであれば、その文章を知った上で、それを基に文章を書いたと認めることが比較的容易といえます。反対に、他人の文章が非公開のものであれば、その文章を知っていたとするのは難しいでしょう。また、外部との連絡の術がない状況下（通信機器が使えない田舎に滞在中、集中治療室に入院中など）で書かれた文章が、他人の文章と類似している場合は、偶然の一致が認められやすいといえます。

なお、他人の文章の存在を知っており、過去に見たことはあるが、それを見ることなく書いたとしても、無意識のうちに他人の文章に近づく場合があるかもしれません。しかし、意識的ではなくても、結果として、以前に接した他人の文章が自己の文章に影響を与えたといえる以上、偶然の一致ということはできません。

◉ 類似性が認められるとだめなのか

文章の盗用が認められるためには、意図的な盗用に加えて、他人の文章と類似していることも必要です。しかし、表現の世界においては類似しているか否かに関する絶対的な基準が存在しません。一般的には、他人の文章の本質的な部分と共通点が認められるか否か、という基準で判断します。その際、誰が書いても同じになる、ありふれた表現については、類似性を否定する要素になります。しかし、他人の文章を特徴づける、その他人の文章特有の表現について、共通点が多く認められる場合には、他人の文章と類似していると認められ、著作権侵害にあたる可能性が高いといえます。

◉ 引用とリライトとの違い

自己の文章のうちの一部について、他人の文章であることを表示した上で用いるなど、一定の要件を充たせば、著作権法上の「引用」として、他人の文章の利用が許される場合があります（次ページ）。

なお、他人が書いた文章を部分的に修正して、使用目的に応じて書き直すことを**リライト**といいます。リライトをする場合も、著作物である他人の文章に手を入れる以上、著作者の許諾の下で行わなければ、文書の盗用と同じく著作権侵害にあたる可能性があります。

■ 盗用行為と著作権侵害

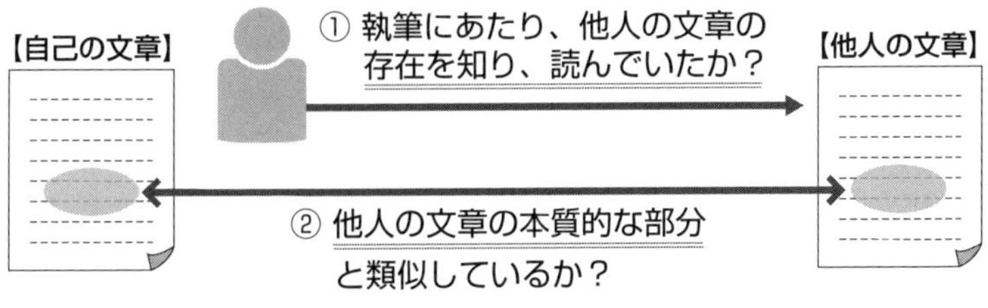

上記①・②が認められると著作権侵害にあたる「盗用」行為と認められる

3 著作権法上の引用の仕方を知っておこう

ルールに沿って引用することが大切である

◉ 引用なら許諾はいらない

著作権法は、著作権者の許諾を得ないでした「引用」が許される場合を規定しています。著作物を公にするということは、それに対する世間の賞賛や批判にさらされることを、ある程度甘受しなければなりません。また、他人の著作物を論評する場合、その対象となる部分を引用することが必要になることもあるでしょう。論評を見聞きする側としても、その方が理解しやすくなります。また、著作権者としても、自分の著作物のどの部分が論評されているのかが判断できなければ、その論評に対して反論のしようもありません。

そのため、著作権法では、著作権者の許諾がなくても、公表された著作物を引用して利用することを認めています。

しかし、他人の著作物の引用については、いくつかの条件が設定されています。なぜなら、自由な方法による引用を許してしまうと、盗作などの脱法的行為が横行することになり、著作権が不当に害される結果となってしまうからです。

なお、他人が作成したプログラムの著作物の一部を、自分が作成したプログラムにコピーする行為は、引用にはあたりません。このような行為をする際は、著作権者の許諾が必要です。

◉ 引用について

引用とは、他人の著作物の全部または一部を自分の著作物の中に取り込んで、自分の意見や感情などを表現することをいいます。たとえば「孔子が論語の中で述べているような『義を見てせざるは勇なきなり』の精神で……」といった使い方が引用にあたります。

もっとも、引用については、「公正な慣行に合致するものであり、かつ、報道、批評、研究その他の引用の目的上正当な範囲内で行なわれるものでなければならない」と規定されています。引用といえば、常に著作権者の許諾を得ずに行うことができるとは限らない、ということを示しています。

たとえば、自分の書いた内容よりも他人の著作物の内容の方が多い場合には、主従関係（下記の要件②を参照）が逆転しており、許された引用の範囲を超えていると判断される可能性が高いでしょう。

したがって、他人の著作物を引用する際には、著作権法の規定を遵守し、引用の目的の範囲内で行うようにしなければなりません。

◉ 引用はどんな場合に許されるのか

自分の著作物に取り込んだ他人の著作物が、著作権法で許される「引用」となるためには、以下の①～⑥の条件をすべて充たすことが必要です。

① 引用される著作物は公表済のものであること

非公表の著作物を引用することは、その著作物の著作権者が有する著作者人格権のひとつである公表権を侵害するおそれがあります。

② 引用の目的上正当な範囲を引用していること（主従関係）

正当な範囲といえるためには、引用する側の著作物が「主」、引用される側の著作物が「従」という主従関係が必要です。主従関係の有無は、単に引用する量だけでなく、その質からも判断されます。

③ 引用する側の著作物と引用される側の著作物とを明瞭に区別して認識できること（明瞭区別性）

引用側と被引用側の区別が不明確だと、結果として文書の盗作と同じ効果が生じてしまいます。

④ 原則として著作物の一部分を引用していること

引用される著作物の種類によっては、全部の引用も許されると考えられます。たとえば、俳句のように極めて短い文章の著作物の一部を引用することは不可能なことが多いでしょう。また、写真の著作物も一部の引用では引用の目的を達することが困難と思われます。このような場合には全部の引用も可能と判断されます。

⑤ 公正な慣行に合致した引用であること

原則として引用元を明記することが必要です。見聞する人が、どの著作物から引用したのかを認識しやすいように、以下のような形で引用元を明記します。

・小説や論説などの文章が対象となっている場合

作品名・著者・出版元（出版社名）をかっこ書きなどによって付記します。また、新聞や週刊誌などの場合には、紙誌名・出版社・発売日などを付記します。

・楽曲が対象となっている場合

CD・DVDなどのタイトル、製作元（レコード会社）、作詞者、作曲者、実演者（歌手・演奏者など）を記載します。

・Webサイトが対象となっている場合

アドレスを明記するか、リンクを貼るなどして、引用元のWebサイトを明確にします。

⑥ 著作物を改変しないこと

著作物を改変して引用することは、著作者の同一性保持権を侵害します。同一性保持権とは、著作者の許諾なく著作物を改変することを許さないとする権利です。したがって、引用の際には、著作物を改変しないで、そのまま忠実に引用しなければなりません。

4 ホームページに他人の書いた記事や写真を掲載する行為の法律問題

不特定多数に公開されているものでも転載には許可が必要

◉ こんな場合に問題になる

ホームページやブログの内容を充実させるために、写真を使ったり、気に入った記事の内容を掲載するといったことは、よく行われることです。最近はスマホ（スマートフォン）やデジカメなどで気軽に写真を撮ったり、文章を書いたりすることができますので、「今日食べたランチの感想」や「訪れた美術館で見た作品の解説」などを、自分のブログやSNSなどに掲載することも多いでしょう。

このとき、自分で撮影した写真を使ったり、自分の言葉で美術品を見た感想を書くのであれば、とくに問題はありません。しかし、ランチの店選びの参考にした雑誌に掲載されていた写真をスキャナーで取り込んで転載したり、美術展のパンフレットに掲載されている解説の内容をそのまま流用すると、著作権を侵害したと指摘される可能性があります。

◉ どんな権利侵害になるのか

では、どのような権利を侵害したことになるのでしょうか。雑誌に掲載された写真やパンフレットの解説文は著作物にあたりますので、著作者に無断でコピーしたり転載すれば、著作権を侵害したということになります。

ただ、「ホームページやブログは自分の記録や楽しみのために作成しているので、私的使用の範囲内にあたり、著作権侵害にはならないのではないか」と思うかもしれません。しかし、ホームページやブログというのは、インターネットという公開の場に置かれています。これは、不特定多数の人が、ホームページやブログに掲載された内容を見ることができるようにすることを意味します。このような行為を公衆送信といいます。著作権者に無断で公衆送信を行うことは、著作権者の公衆送信権を侵害していることになるのです。

◉ 他人の写真を加工してブログに掲載した場合

雑誌や他のホームページに掲載されている写真を取り込んで、背景を変えたり、**トリミング**（写真の一部分を切り出すこと）して無断で使用すると、著作権侵害となることがあります。

とくに「コラージュ」が問題とされています。**コラージュ**とは、元となる写真に切り貼りなどの加工を施して、新たな表現とする方法のことです。コラージュが著作権法上問題になるのは、元の写真の著作権者ではない者が著作権者に無断で加工する場合です。

この場合、元の写真の著作者が有する同一性保持権や、著作権者が有する翻案権を侵害する可能性があります。とくに著作者と著作権者が異なるときは、双方から著作権侵害を主張されることもあり得ます。さらに、人の顔などをコラージュした場合、表現方法によっては、その人の名誉などを侵害する可能性もあります。

なお、他人の著作物を自分の著作物に取り込んだとしても、それが引用である場合は、許諾を得ずに他人の著作物を自由に利用できます（184ページ）。そして、引用する自分の著作物と引用される他人の著作物が明確に区別されること（明瞭区別性）、引用する自分の著作物が主で引用される他人の著作物が従という主従関係にあることなど、一定の要件を満たす場合に「引用」と認められます。

そうすると、コラージュに使われた他人の写真が、主従関係の従にあって、自分が撮影した写真と明確に区別できない限り、引用とは認められないので、無許諾でのコラージュは避けるべきでしょう。

相談　本や雑誌記事のコピーと著作権侵害

Case　本やフリーペーパーの記事をコピーして他人にあげる行為は著作権侵害となるのでしょうか。

回答　気に入った本や雑誌の記事をコンビニのコピー機で複写することや、手書きで書き写すことは、誰もが気軽に行っていることです。その複製物を自分で保管しておくのであれば、私的使用のための複製にあたりますので、著作権法上の問題は生じません。なお、コンビニのコピー機での複写は、本来は私的使用の範囲外ですが、利用者本人による文書や図画の複写に限り、私的使用となる余地があります。

しかし、「田舎の祖父母にも見てもらいたい」「親しい友達にも教えたい」など、家族の範囲を超えて他人に配布する場合は、著作権者の許諾を得ずにコピー機で複写をしたり、手書きであっても丸写しすると、著作権を侵害したと指摘される可能性があります。

では、店頭や路上などで配布されているフリーペーパーの記事をコピーする場合はどうでしょうか。フリーペーパーは企業や店舗からの広告費などを使って作成し、読者には無料で配布される冊子です。その内容は、スポンサー企業や店舗の紹介などが中心ですが、有名人のインタビュー記事、時事的なニュース、生活上の豆知識などを掲載するなど、その内容を充実させているものもあります。

これらの記事は、ライターが取材に基づき、自身の思いや意見なども加えて作成した著作物ですから、ライターまたは発行会社の著作権が認められます。したがって、私的使用の範囲を超えてコピーを行うことはできませんので注意しましょう。

また、本やフリーペーパーの記事などが他人の著作物であることを示して行った複製（出典を示した複製）であっても、著作権者の許諾を得ていない以上、著作権侵害にあたることに注意が必要です。

もっとも、著作権法は「引用」にあたる行為であれば、著作権侵害にあたらないとしています。しかし、自分自身の著作物があくまでもメインであることが必要ですから、本ケースのように、自分自身の著作物がまったく含まれておらず、本やフリーペーパーの記事をそのままコピーする行為は、引用となる余地がありません。

相談　本のタイトルと表紙の写真掲載と著作権

Case　ブログでミステリー本を紹介する際、本のタイトルと表紙の写真を掲載するのは著作権法上問題となるでしょうか。

回答　ミステリー・ファンが自分のブログに毎週一冊ずつミステリーをとりあげ紹介し、そのときに、その本のタイトルと自分で撮った表紙の写真を掲載するのは問題があるのでしょうか。

まず本のタイトル（題号）ですが、本は作品全体を通じて創作性が肯定されるものと考えられており、タイトルは創作性を発揮する余地が小さく、原則的にタイトル単独では著作物とされませんので、タイトルを無断掲載しても著作権侵害にはあたりません。実際の裁判例においても、表現の選択の幅が狭く、表現がありふれていると判断された場合には、タイトルの創作性が否定されています。また、作品中の一部の表現であっても、それがありふれている場合には、同じく創作性が否定されています。したがって、本のタイトルがありふれている場合であれば、作者の許諾を得なくても、タイトルをブログに掲載する行為が著作権侵害にあたる可能性はとても低いといえます。

次に表紙の写真です。表紙を自分で撮影しているのであれば、その写真自体の著作権は自分のものです。しかし、表紙には何らかの装飾が施されているはずです。たとえばイラストや写真が使われているでしょう。そのそれぞれは著作物ですので、それぞれに著作権が生じています。また、通常は装丁にも著作権が発生していると考えた方がよいでしょう。したがって、著作者に無断で表紙の画像をネット上で公開することは、イラスト、写真、装丁の著作権（複製権・公衆送信権）を侵害することになります。

もっとも、表紙の写真を許諾を得ずに記載していても、著作権者が著作権を行使して、損害賠償請求や差止請求を行わないこともよくあります。表紙が掲載されることによって、販売促進効果が得られることがあるからです。

相談 私的利用目的と著作権侵害

Case 個人的に楽しむためにCDジャケットやイラストをコピーしたり美術館の絵画を写真にとった場合、著作権侵害となるのでしょうか。

回答 著作物を著作権者に無断で複製することや、インターネット上に公開することは、著作権侵害となります。CDジャケット、イラスト、絵画はいずれも著作物ですから、コピーや写真撮影は著作権侵害にあたります。ただし、私的使用目的の範囲内における著作物のコピーや写真撮影は、著作権侵害となりません。

個人的に楽しむためであれば、原則として著作権侵害とならないでしょう。CDジャケットやイラストをコピーすることや、美術館の絵画の写真を自分の部屋に飾ったりパソコンの壁紙に設定することは問題ありません。しかし、インターネット上に公開するのは問題が生じます。つまり、コピーや写真撮影をしたデータをブログやホームページで公開するのは、私的使用目的の範囲外とされ、著作権（公衆送信権）侵害となってしまいます。

なお、たいていの美術館は、展示物の保護のため、写真撮影を禁じています。その美術館で禁じられている場合は、著作権侵害にあたらない場合であっても、写真撮影は厳に慎むべきでしょう。

相談 商品の写真の掲載と著作権

Case ブログに自分が気に入って使っている商品（商品のパッケージを含みます）の写真を掲載するのは、著作権法上、何か問題になるのでしょうか。

回答 まず、商品自体が被写体となっている写真の問題です。商品の写真といっても、構図やライティングなどに撮影者の創作性が発揮されるので、一般には著作権が発生すると考えられます。したがって、その写真を誰が撮ったのかがポイントです。自分が撮ったのであれば、写真自体の著作権は自分のものです。しかし、メーカーのホームページやカタログから商品の画像を持ってきたのであれば、その写真の著作権はカメラマン（またはメーカー）にあるため、無断でブログに掲載するのは著作権（複製権・公衆送信権）侵害となります。

次に、商品に使用されているイラストや写真（風景・人物・商品などの写真）の問題です。基本的にイラストや写真は著作物にあたるので、ブログの画面上でこれらが認識される場合、写真撮影をして無断でブログに掲載するのは著作権（複製権・公衆送信権）侵害のおそれがあるといえます。

実際問題として、権利者側としては、商品が好意的に扱われている場合は、クレームをつける可能性が低いかもしれませんが、こうした著作権に関する原則は知っておくべきでしょう。

また、商品に有名人の写真や似顔絵が載っている場合は、写真撮影した上での無断掲載がパブリシティ権の侵害となるおそれがあるので、いっそう注意が必要です。

相談　ネットオークションと写真の公開

Case　ネットオークションで出品しようと考えている商品の写真をアップロードする行為は、著作権を侵害するおそれがありますか。

回答　ネットオークションにおいては、対象になっている商品を実際に目で見て確認できませんので、出品されている商品の写真が掲載されていることは、購入者にとっては、オークションに参加するか否かを判断する上で、非常に重要な情報といえます。しかし、ネットオークションに商品の写真を掲載する行為は、著作物の複製や公衆送信にあたり、著作権侵害の問題を生じる可能性があります。

まず、ネットオークションで出品される商品が、一般的な家具や電化製品である場合は、あまり問題になりません。著作物とは、思想や感情が創作的に表現されており、文芸・学術・美術・音楽の範囲に属するものをいうため、家具や家電製品の写真は、原則的に著作物にあたる可能性が低いといえるからです。ただし、何らかの形で作者の個性が表現されている場合は、創作性が認められますので、対象が家具や家電製品であっても、常に著作物性が否定されるわけではありません。また、文芸・学術・美術・音楽の範囲に属するというのも、厳格なカテゴリーを要求しておらず、何らかの形で文化的な意義があることを求める趣旨です。

これに対し、ネットオークションで出品される商品が美術品や絵画などである場合には、作者の許諾を得ずに写真をネットオークションに掲載することは、著作権の侵害にあたります。ただし、美術の著作物または写真の著作物の原作品またはその複製物の所有者が、ネットオークションに出品する際に、作品の紹介目的で写真を掲載する行為は著作権侵害にあたりません（美術の著作物等の譲渡等の申出に伴う複製等）。そのため、許諾を得なくても写真を掲載できます。

相談　書籍の自炊行為

Case　書籍の自炊行為には、法的問題がありますか。また、それを業者に依頼することは可能ですか。

回答　今日では、スマートフォンやタブレット端末で閲覧することを前提に、多くの書籍がデジタルデータ（電子書籍）として配信されています。この場合、利用者は配信先にお金を支払い（無料の場合もあります)、デジタルデータをダウンロードして、専用のアプリで閲覧するのが一般的です。これと異なり、紙媒体の書籍をスキャナなどで読み取り、デジタル形式（PDF形式など）で保存して、スマートフォンやタブレット端末などで閲覧する方法もあります。これは「書籍（本）の自炊行為」と呼ばれています。

書籍の自炊行為は著作物の複製にあたります。そのため、個人的な利用目的で、自ら自炊行為をするのであれば、私的使用目的のための複製にあたり、著作権侵害にはなりません。

しかし、書籍の自炊行為を業者に代行させた場合は、代行業者の行為が私的使用目的とはいいがたく、著作権侵害にあたるか否かが問題になります。知財高裁では、業者が依頼を受けてデジタル形式で保存するのに必要な準備行為やスキャン行為を代行した場合は、依頼者ではなく代行業者が複製の主体になると判断し、私的使用目的のためとはいえないとして著作権侵害が肯定されています。知財高裁の判断によれば、代行業者が利用者の手足として、利用者自身が自炊行為を行ったと同視できる場合以外は、原則として著作権侵害が肯定されるため、広く自炊代行業者というビジネス形式が否定されたといえます。

なお、業者がスキャナなどを提供するだけで、書籍のスキャン行為は利用者自身が行う場合には、業者が利用者による私的使用目的の行為を幇助したにすぎず、著作権侵害にあたらないとされています。

5 ブログに好きな有名人の写真を掲載する行為の法律問題

人の写真を掲載する行為はパブリシティ権の侵害になり得る

◉ パブリシティ権とは

好きなタレント、俳優、歌手などの話は、好きな人同士ですると大変盛り上がりますし、楽しいものです。そのような人たちが集まる非公認のファンサイトはたくさんありますし、ドラマや雑誌などで好きなタレントなどの姿を見かければ、その写真を他のファンの人にも紹介したいと思うでしょう。

しかし、写真集やフォトブックなどに掲載された写真はもちろん、漫画雑誌や週刊誌などに掲載されたグラビア、新聞やチラシなどに掲載された広告用の写真も、それが「著作物」であれば、著作権者に無断で転載することは著作権（複製権・公衆送信権など）侵害にあたります。

これに対し、芸能人などの氏名や姿形（肖像）が商品の販売などを促進する効果（顧客吸引力）を有する場合、この顧客吸引力を排他的に利用する権利を**パブリシティ権**といい、法律に規定された権利ではありませんが、最高裁判所も認めた権利です。

たとえば、有名人の写真は、「有名人が写っている」だけで売買の対象になる可能性があります。このように、その人の姿形（肖像）などがあることで経済的価値が認められ、顧客吸引力が生じる場合に、その人にはパブリシティ権が認められるということです。

パブリシティ権の侵害が認められた場合、侵害者に対して損害賠償請求や侵害行為の差止請求が認められたケースもあります。パブリシティ権の侵害の例として、たとえば、無断で芸能人やスポーツ選手のブロマイドなどを商品化する場合や、広告・テレビCMなどで氏名や肖像を無断で利用する行為が挙げられます。

これに対し、書籍、雑誌、ブログ、SNSなどに有名人の写真を無断で掲載する行為については、パブリシティ権の侵害にあたるという判断をすることがやや困難になります。なぜなら、書籍、雑誌、ブログ、SNSなどに有名人の写真を無断で掲載する行為は、批評や紹介を目的とする場合も多く、必ずしも有名人の顧客吸引力の利用を目的としているわけではないためです。

最高裁判所は、①氏名や肖像などそれ自体を独立して鑑賞の対象になる商品として使用し、②他の商品との差別化を図る目的で氏名や肖像などを商品につけて、③もっぱら顧客吸引力の利用を目的とするといえる場合に、パブリシティ権の侵害が認められるとしています。

したがって、有名人の氏名や肖像などを書籍、雑誌、ブログ、SNSなどに掲載する場合、単なる批評や紹介の目的を超えて、その有名人の顧客吸引力を利用する商業目的が強く認められるときは、パブリシティ権の侵害が認められる可能性があります。

また、パブリシティ権とは別に、肖像権（他人からみだりに自分の容ぼうなどを撮影されたり使用されない権利のこと）を侵害したことになるおそれもあります。もっとも、芸能人などの有名人が無断で写真を掲載された場合、肖像権の侵害を主張することは多くありません

■ 有名人の写真をブログに掲載する場合

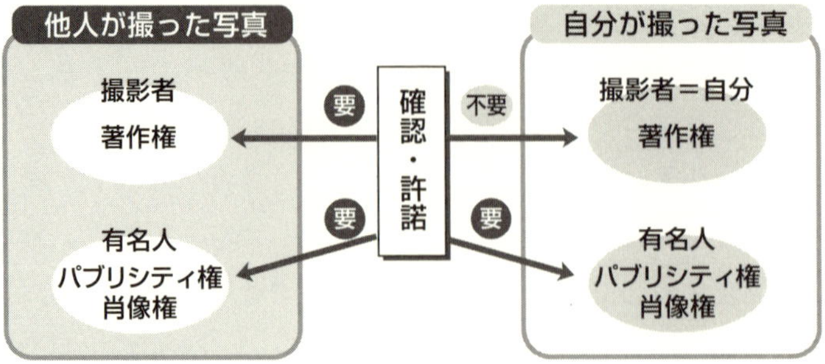

が、掲載された写真の内容が私的な内容で、一般的に見て他人に知られることを望まないと考えられる内容であるときは、有名人のプライバシーの侵害にあたる可能性もあります。

◉ 著作権侵害にあたる場合

写真集や雑誌などに掲載されている有名人の写真は、通常はプロの写真家が撮影しています。撮影の際には、写真家が自身の思いや独自の工夫を込めているはずですから、一枚一枚の写真が著作物（写真の著作物）だといえるでしょう。それを写真家の許諾なくブログなど掲載すると、著作権者（原則として写真家）の著作権（複製権・公衆送信権など）を侵害したと判断されるわけです。

◉ 著作権侵害にあたらない場合

プロの写真家が撮影した有名人の写真の無断転用であっても、著作権侵害にあたらないことがあります。原則的には、著作者である写真家が死亡してから50年間（TPP11発効後は70年間）を経過している場合、著作権（著作財産権）が消滅しています。このような著作権の保護期間が過ぎていれば、著作権の心配をすることなく、著作権者の許諾を得ずに写真を掲載できるようになります。

また、有名人が写った写真であっても、自分で撮影した写真であれば、その写真の著作権は自分が有していることになりますので、ブログやSNSなどに掲載しても著作権法上の問題は生じません。しかし、パブリシティ権や肖像権の侵害の問題は残りますので、パブリシティ権者・肖像権者あるいはパブリシティ権・肖像権の管理者に対し、掲載の可否について確認をとった方が無難でしょう。

6 書評のサイトを立ち上げる場合の法律問題

著作権法で許された引用は著作権侵害にならない

◉ 有名な小説の一文の引用の可否

著作権法32条１項は、「公表された著作物は、引用して利用することができる」と規定しています。ここで言う「引用」とは、自分で著作物をつくる際に、他人の著作物の全部または一部を取りだして使用することをいいます。つまり、著作権者に無断だったとしても、それが著作権法で許された引用であると認められれば、著作権侵害の問題は発生しないということです。

しかし、他人の著作物の使用の方法によっては、著作権を侵害したと指摘される可能性がある点に注意が必要です。著作権法で許された引用か否かを区別する基準としては、「公正な慣行に合致するものであるか」「報道、批評、研究その他の目的において、正当な範囲内で行われているか」などが挙げられています（185ページ）。

たとえば、研究論文を書くに際して、1,000行のうちの数行に参考資料とした著名な研究者の論文の一部を転載し、残りの行は参考資料の内容に対する自分の見解を記載するのであれば、ほぼ著作権法で許された引用にあたると判断されます。しかし、1000行のうち500行以上が参考資料の内容である場合は、引用と判断されない可能性が高いといえます。

このように、使用した部分の量は、許される引用か否かを判断する大きな要素です。しかし、使用したのが有名な小説の一文で、短くてもその小説独自の表現であるという場合には、著作権の侵害と判断される可能性があります。どうしても使用したい場合は著作権者に確認をする方がよいでしょう。

◉ ブログやサイトでの書評はどうか

Webサイト、ブログ、SNSなどで書評を掲載するとなると、その対象となる書籍の一部を引用することも多くなります。ただし、その引用の方法によっては著作権侵害の問題が発生する可能性がありますので、その点は注意してください。とくに、自身の言葉で記載する書評よりも、対象となる著作物からの引用が多い場合は、許された引用の範囲を超えていると判断されるおそれが大きいといえます。

◉ 小説ならOKの場合もある

小説のようにある程度分量のある著作物の場合、全体的には独創的な表現なのに、その一文一文を見ると、誰にでも書けるようなありきたりの文章で構成されていることもあります。そのような文章は著作物として扱われませんので、自分の著作物に取り込んで使用したとしても著作権の侵害にはあたらないでしょう。

■ 小説の引用と著作権侵害

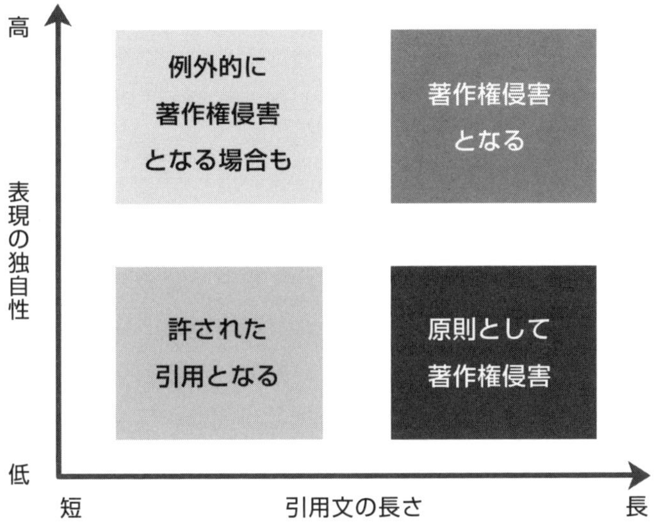

7 著作権がフリーの場合の法律問題

著作権フリーの場合も著作者人格権への配慮が必要

◉ 著作権フリーのサイトはあるのか

著作権フリーとなる状況としては、著作者の死後50年間（TPP11発効後は死後70年間）が経過したなど、保護期間（存続期間）が満了している場合の他、著作権者本人が著作権を放棄した場合が考えられます。著作権を放棄する理由として、「自分の著作物を広く一般の人に利用してもらうことで、自分の考えや思いが広がってほしい」「気軽に楽しんでもらいたい」などがあるようです。著作権フリーの有名なサイトとして、百科事典「ウィキペディア」などがあります。

その他、著作権フリーとされていなくても、その一部が著作物として扱われず、著作権もないとされるものもあります。たとえば、百科事典や国語辞典などの各項目のうち、言葉の定義や用法をありふれた言葉で解説する部分は、著作物とならない可能性があります。

著作権フリーのサイトの内容は、利用者が自由に複製し、または自分のブログやSNSなどに掲載することができます。たとえば、著作権フリーのイラストを自身のブログのデザインに流用することなどが、著作権者の許諾を得ずに行うことができるわけです。

ただし、いくら著作権フリーといっても、すべての著作権を放棄しているとは限りません（次ページ図）。「出典を記載すること」などの条件がついている場合が多いですから、利用規約の確認が必要です。

また、著作者人格権は放棄できないので、著作権フリーとするために、著作権者でもある著作者が「著作者人格権を行使しない」としていることがあります。そうであっても、著作者の氏名表示権や同一性保持権を尊重し、無用な改変などは行わないことが求められます。

◉ 表示する方法はあるのか

自身の作成したブログやSNSなどの内容を著作権フリーとして閲覧者に公開したいと考えた場合、どのようにすれば、そのことを伝えることができるのでしょうか。

完全に著作権フリーとする場合は、「本ブログの著作権をすべて放棄します」という一文をブログに記載しておけばよいでしょう。これに対し、「営利目的には使われたくない」「勝手に改変されるのは困る」などの制限を設けたい場合は、そのことを記載した利用規約をブログに公開する必要があります。

ただ、あまりに長い利用規約を作成すると、利用者にその意図が正確に伝わらないことも考えられます。そこで、文化庁が提供している「自由利用マーク」を使用するというのも一つの方法です。自由利用マークには、①コピー OK、②障害者OK、③学校教育OKの３つの種類があります。これらのマークを利用すると、一目で制限の内容を伝えつつ、ある程度自由に著作物を使ってもらう、という目的を果たすことができます。

■ 著作権フリーのサイトを利用する場合のチェックポイント ……

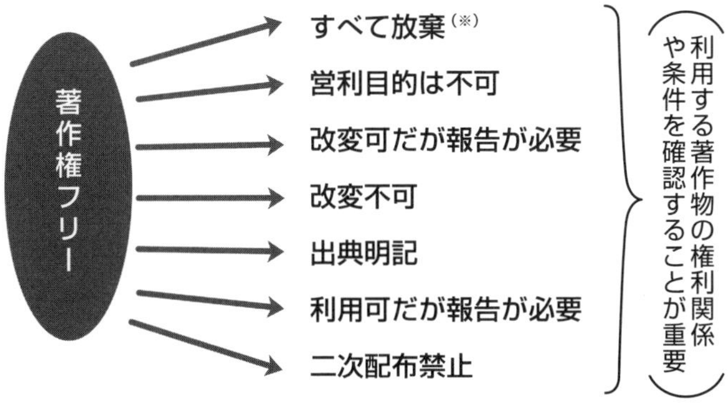

（※）著作者人格権は放棄不可（著作者人格権を行使しないとする場合あり）

8 新聞の切り抜きのコピーをすることは著作権侵害か

無断で行うと著作権侵害となるが私的使用目的の場合は問題ない

◉ 個人の場合には原則OK

新聞の切り抜きをファイルに貼り付け、スクラップブックとして保管している人はたくさんいます。その目的は仕事の資料であったり、趣味の情報集めであったり、さまざまでしょう。新聞の記事の１つひとつは、単なる事実の伝達を内容とする場合を除いて著作物であり、新聞社や執筆者に著作権があるものですから、無断編集などの行為は著作権侵害を指摘される可能性があります。ただ、自分で購入した新聞記事をスクラップブックにして保管する程度であれば、私的使用の範囲内として自由に行うことができます。

スクラップブックをコピー機で複製（複写）したり、スキャナで取り込んでパソコンで管理する場合も同様です。自宅にあるコピー機やスキャナを使って複製し、自分で管理するか、家族や親しい友人に配る程度のことであれば、著作権侵害とはなりません。

なお、著作権法では、「公衆の使用に供することを目的として設置されている自動複製機器を用いて複製する場合」は私的使用の範囲から除くと規定しています。つまり、自宅のコピー機以外で複製する場合、私的使用とは認めないということです。しかし、現在は経過措置として、コンビニなどに設置されているコピー機については「公衆の使用に供することを目的として設置されている自動複製機器」に含まないとされていますので、当面はコンビニなどのコピー機を使用しても問題ないでしょう。

また、図書館などに置かれている資料であれば、「研究調査の用に供する」という目的のもと、資料の一部分について１人につき１部の複製の提供を受けることができます（180ページ）。
ただし、個人の私的使用の目的で複製後、その複製物を不特定多数の人に配ったり、家族や友人の範囲を超えて会社の同僚や近所の住人などに配るようなことをすると、私的使用の範囲を超えたとみなされ、

■ 日本複製権センター（JRRC）の利用方法

① 頒布を目的としない複写利用許諾契約を結ぶ場合

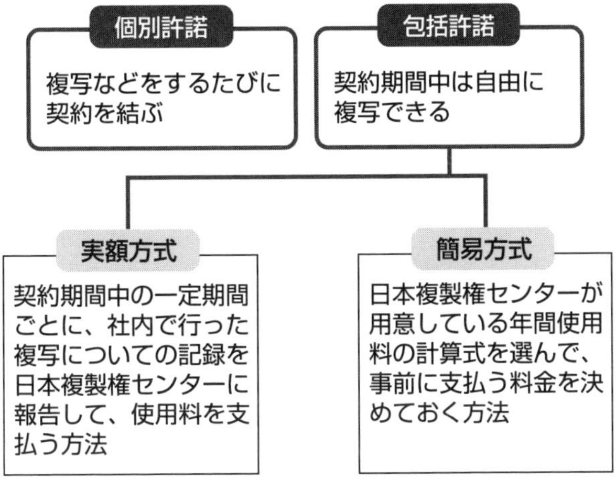

② 頒布を目的とした複写・譲渡に関する複写利用許諾契約を結ぶ場合

個別方式	包括方式
使用料規定に従って、それぞれの方式で支払う	

③ ファクシミリ送信に関する複写利用許諾契約を結ぶ場合

個別方式	包括方式
使用料規定に従って、それぞれの方式で支払う	

著作権を侵害したと判断されることがある点に注意が必要です。

◉ 会社の場合には許諾が必要

同じようにスクラップファイルを作ったり、資料のコピーを作るにしても、会社などの事業所で作成・保管して社員同士で共有したり、会社のコピー機やスキャナなどを使って複製することには、著作権法上の問題があります。いくら会社の社員が親しい関係であったとしても、会社はあくまで公共の場であり、私的使用の範囲内とは認められないからです。この場合、複製を配布する人数などに関係なく、著作権（複製権など）を侵害したと判断される可能性があります。

ただ、社内の会議や研修の場で新聞の切り抜きを使いたいときに、いちいち著作権者に許諾を得るというのでは、準備に時間もかかりますし大変です。そこで、社団法人日本新聞協会に加盟する新聞社・通信社などで構成される「日本新聞著作権協議会」では、企業や団体などで使用する小部数のコピーであれば、各新聞社などの許諾を得ることなく自由に行うことができるしくみを用意しています。

まず、業務を委託されている「日本複製権センター（JRRC）」との間で「複写利用許諾契約」を締結します。日本複製権センターは、新聞著作権協議会をはじめ、日本美術著作権連合や日本文芸家協会といった著作者団体連合などから権利委託を受けており、その委託を受けている範囲内において、複写の許諾を行うことができます。包括許諾契約を締結して所定の使用料を支払うと、利用者は契約期間中、個別の許諾を受けることなく新聞などの複製ができるようになるわけです（前ページ図）。

ただし、日本複製権センターとの間の契約に基づいて複製できるのは、契約の対象著作物の小部分、小部数であり（新聞著作協議会の場合、１回につき20部以内）、使用目的は原則として社内や組織内部での配布に限定されています。

9 雑誌の記事を携帯カメラで撮影することは著作権侵害か

著作権侵害ではなくても他の問題が生じることも

◉ 撮影した写真の使い方によっては問題となる

雑誌に掲載のお店に行きたいと思ったときには、店の住所や電話番号をメモに取ったり、記事や写真のコピーをとったりします。さらに最近は携帯電話やスマートフォンのカメラで、雑誌の記事や写真を撮影するという方法により、手軽に情報を持ち歩くことも多いでしょう。

この方法によれば、かさばるメモを持ち歩く必要もありませんし、ボタン１つですむわけですから、非常に便利な方法です。しかし、カメラで著作物の一部を撮影することは、コピー機による複写などと同じく、著作権法上は「複製」にあたります。このため、撮影した写真の使い方によっては、著作権の侵害の問題が出てきます。

◉ 著作権侵害にあたる場合

雑誌に紹介されているお店をデジタルカメラやスマートフォンなどで撮影し、「このお店に行ってきました」といった形で、自分のホームページやブログ、SNSに紹介していることがあります。撮影したのがお店そのものであれば、原則として著作権法上の問題はないのですが、それが雑誌に掲載されている写真を撮影したものであった場合、著作権者（撮影者など）の公衆送信権を侵害したことになります。

◉ 著作権侵害にあたらない場合

雑誌に掲載されている記事や写真を撮影（複製）したとしても、それを見ながら該当のお店を探したり、家族や親しい友人に情報を教えるためにメールに添付するといった程度であれば、私的使用の範囲内ですから、著作権法上は問題ありません。

ただ、書店やコンビニの店頭に置かれた雑誌の写真を撮影した場合には、著作権以外の問題が出てくる可能性があります。

このような行為は**デジタル万引き**などと呼ばれています。雑誌そのものの万引きではないため、窃盗罪などに問われることはないのですが、お店側にしてみれば歓迎できる行為ではないでしょう。

とくに長時間立ち読みをしながら、スマートフォンでカメラ撮影を行うなどしていた場合、それが他のお客さんへの迷惑行為になっていれば、業務妨害罪にあたる可能性があります。また、従業員から退店するよう命じられたのに、これに応じないと不退去罪にあたる可能性もあります。さらに、民法上の不法行為の成立を指摘されて、損害賠償請求を受ける可能性もあります。

このように、デジタル万引きをすれば、刑事上・民事上の責任を問われる可能性がありますから、絶対に行わないようにすべきです。

■ 雑誌の写真の撮影とネットへの公開

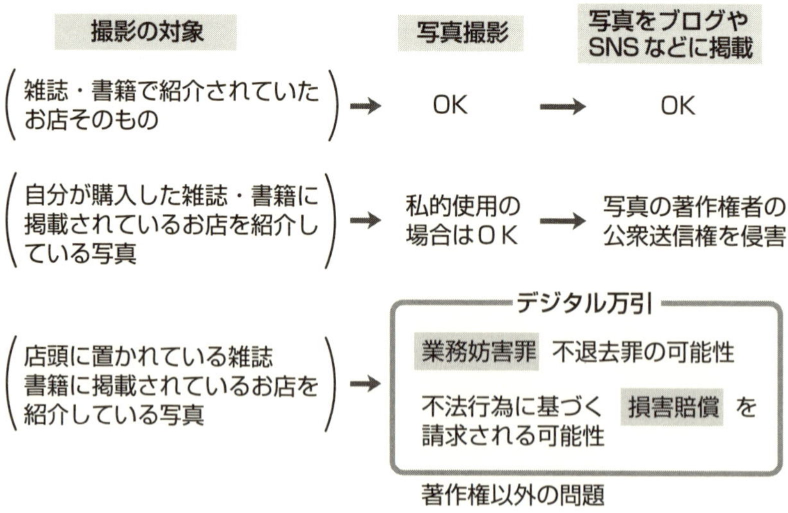

10 編集の都合で改変したり、氏名を表示していない場合の法律問題

著作者に無断で改変すれば著作権侵害になる

◉ どんな場合に何が問題になるのか

文集、社内報、雑誌などを編集するにあたって、掲載したい枠に該当の著作物の文字数がどうしても合わないことがよくあります。これには、文字数が多くて枠に入りきらない場合だけでなく、文字数が足りなくて余白ができてしまう場合もあります。

このような場合、編集者が、本文だけを掲載して氏名を表示しないようにしたり、意味がつながるように本文の一部の加除（文章の追加または削除）をすることがあります。編集の都合上、やむを得ない作業であり、実際にもよく行われていると思われますが、このような行為を著作者に無断で行うと、著作権の侵害（とくに著作者人格権の侵害）の問題が生じる可能性があります。

◉ 氏名が表示されていない場合

著作物を公表する際に、その著作者の氏名を一緒に表示するかどうかは、著作者が自ら決めることができます。これを**氏名表示権**といいます。氏名表示権は著作権のうち著作者人格権のひとつです。

このとき表示する氏名は、実名でもかまいませんし、通称名、ニックネーム、ペンネームでもかまいません。どの名称を使うのかも著作者の自由です。たとえば、著作者が「ペンネームを表示する」という意思表示をしたのに実名を表示することや、「匿名にする」と希望したのに氏名を表示することは、氏名表示権の侵害となります。

ただし、著作者名の表示は、著作者が希望すれば、常に行わなければならないものではありません。氏名を表示しなくても著作者の利益

を害するおそれがない場合は、その省略が認められています。
たとえば、イベントなどでアニメキャラクターの着ぐるみが登場する際、そのキャラクターの著作者の氏名を、それとわかるように表示することをしなくても、氏名表示権の侵害にはなりません。

◉ 改変がなされている場合

作成された文章は、助詞の「が」が「で」に変更されるようなことがあるだけでも、全体の意味が変わってしまう場合があります。第三者にとっては些細に見える改変であっても、著作者にとっては大きな違いになり、自らの意思が正確に伝わらなく可能性もあります。
このため、著作権法では、著作物の同一性を保つ権利を著作者に与えています。つまり、著作者の許諾なく、著作物の一部を削除したり書きかえたりすることは、著作権侵害にあたります。これを同一性保持権といい、著作者人格権のひとつです。
なお、教科書に掲載する場合や、著作物を利用するにあたってやむを得ない事情がある場合は、著作者に無断での改変が認められることもありますが、よほどのことがない限りは認められないと考えておいた方がよいでしょう。

■ 氏名の表示と内容の改変

氏名表示権

・氏名を表示するかどうか？
（表示する？しない？匿名？）
・表示する名前は？
（実名？ペンネーム？）

原則として著作者の
意思表示に従わないと
著作権侵害となる！

同一性保持権

・著作物の一部を削除する場合
・著作物の一部を書きかえる
場合

原則として著作者の
同意を得ないと
著作権侵害となる！

相談 目隠しやトリミングと著作権

Case 目隠しやトリミングはやむを得ない改変なのでしょうか。

回答 他の著作物に掲載されている写真を用いる場合など、他人の著作物を引用して自身の著作物を完成させる場合に、写真に写っている人に目隠しを施すことがあります。この行為が、著作者の意に反してなされた改変にあたるか否かが問題になります。つまり元の著作物の著作者が有している著作者人格権のうち、同一性保持権を侵害しているか否かが問題になるということです。

この点は、目隠しをすることが、その目隠しを施された人物の権利保護のためにどうしても必要である場合には、やむを得ない改変として認められます。実際の判例では、原著作物の人物に目隠しをすることで、目隠しを施された人物の名誉感情を侵害するおそれが低くなった場合に、やむを得ない改変であると判断されています。

また、トリミングとは、元の写真や映像の余分な部分を切り落とすことをいいます。トリミングの場合も、元の写真や映像の著作者の意に反する改変にあたるか否かが問題になります。たとえば、人物を撮った写真の顔の部分を切り落としてしまうようなトリミングは、原則として、その写真の著作者の意に反する改変といえるでしょう。しかし、元の写真の縦と横の比率のままではどうしても誌面に入らないといったケースでは、元の写真の表現を損なわないように配慮しながら、その端を切り落とす程度であれば、やむを得ない改変と認められる可能性は高いといえます。

これに対し、映画をテレビ放送や、DVD化する際に、画面サイズが異なるため、映画の著作者の許諾を得ずにトリミングを行うことは、画面サイズによって映画を観る者に与える影響が変わるので、同一保持権の侵害に高いといえます。

11 漫画の原作者には著作権があるのか

漫画の原作者はその漫画についての著作権を有する

◉ 漫画の作成に複数の人が関わっている場合は

漫画も著作権法上の保護を受ける「美術の著作物」にあたります。漫画の作者が、ストーリーや登場人物の台詞から絵まですべて1人で担当している場合は、その漫画について著作権の侵害があれば、漫画の作者（著作権者）が権利を行使することができます。

このように、著作物が1人の人物からなる場合と比較して、複数の人物が1つの漫画を作成している場合は、著作物の権利関係について著作権法上の問題が生じやすいので注意が必要です。

たとえば、Aは漫画のストーリーや台詞の原稿を担当し、BはAが作成した原稿を元に絵を作成した場合です。このようにAとBの役割分担がはっきりしている場合は、Aが原作者となり、BはAの著作物である原稿を元に作画したと判断されます。したがって、Aを原著作物の作者として、Bを二次的著作物の作者として、それぞれ取り扱うことになります。つまり、AとBが共同で漫画を制作しても、Aがその原作者となり、Bは二次的著作物の著作者となるのです。

このとき、BがAに無断で画集を販売した場合に、著作権法上の問題が生じます。また、AとBが共同で漫画を制作したのではなく、Aの著作物をAに無断でBが勝手に漫画化して販売した場合も、著作権法上の問題が生じます。

◉ 原作者の権利が及ぶ範囲は

原作者（原著作物の著作権者）は、自身の著作物（原著作物）が翻案されて二次的著作物が創作された場合には、その二次的著作物の利用について、二次的著作物の著作権者が有している著作権と同じ種類の権利を有します。たとえば、二次的著作物を複製する場合、二次的著作物の著作権者と原作者の２人が二次的著作物の複製権を有していることになるため、原則として、二次的著作物の著作権者の許諾だけでなく、原作者の許諾も必要になります。

そのため、第三者が二次的著作物を無断複製したときは、二次的著作物の著作権者と原作者の双方が、第三者に対して著作権侵害を主張することができます。また、二次的著作物の著作権者が原作者に無断で漫画を複製したときは、原作者が、二次的著作物の著作権者に対して著作権侵害を主張することができます。

このように、二次的著作物について著作権侵害があった場合、二次的著作物の著作権者が侵害者に対して差止請求や損害賠償請求を行うことができるときは、原作者もこれらの請求を侵害者に対して行うことができます（下図）。

■ **原著作物の著作権者は二次的著作物についても権利を持つ** ……

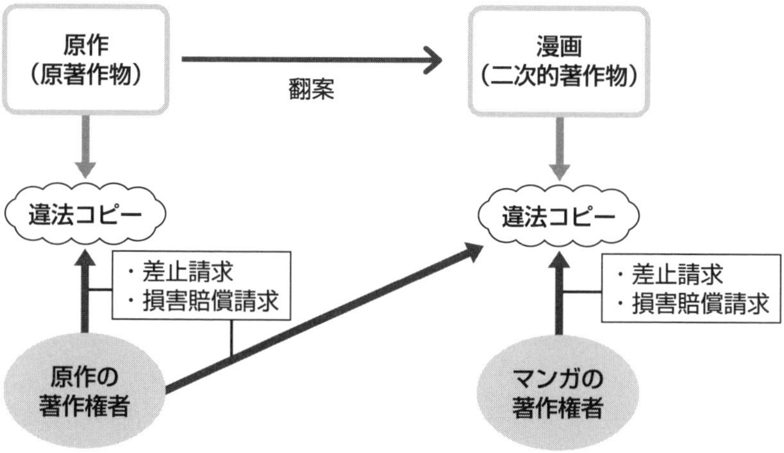

12 漫画のキャラクターを著作権者に無断で利用すると著作権侵害となるか

漫画のキャラクターの絵を利用する場合には著作権者の許諾を得る

◉ キャラクターは著作権法上保護されるのか

漫画は著作物として保護されますが、漫画のキャラクターも著作物といえるのでしょうか。著作物と認められるためには、思想や感情が創作的に表現されていなければなりません。しかし、キャラクター自体は、漫画という表現から現れた登場人物の人格ともいうべき抽象的な概念にすぎず、思想や感情が創作的に表現されたものではありません。このため、キャラクターは著作物ではないとされています。

ただ、漫画の原画（元になる著作物のこと）については、文章からなる小説などとは異なり、原画などによる表現もあるので、美術の著作物としての性質も有しています。このため、漫画のキャラクターの絵については、美術の著作物として著作権法の保護を受ける場合があります。

したがって、漫画のキャラクターの絵をもとに製品化する場合は、その漫画について権利を有する著作権者（漫画の作者など）の許諾を得て、著作権侵害をしないように注意する必要があります。

製品化する場合に問題となりやすいのは、そのキャラクターの絵を複製する場合や翻案する場合などです。

◉ 複製や公衆送信については許諾が必要

著作権者は、漫画についての著作権（著作財産権）を有していますから、たとえば、漫画に描かれているキャラクターの絵を複製する場合は、原則として漫画の著作権者の許諾を得ることが必要です。漫画のキャラクターの絵をトレース（元となる著作物の上に半透明の紙をのせて敷き写しをすること）する場合だけでなく、携帯電話やデジカメなどで写真に撮る場合も複製にあたります。

著作権にはさまざまな種類がありますが、漫画のキャラクターをコピーやトレースしたものをインターネット上に公開した場合は、コピーやトレースが複製権を侵害しており、インターネット上の公開が公衆送信権を侵害しているといえます。さらに、コピーやトレースしたものを販売した場合は、譲渡権の侵害にあたると考えられます。

ただし、インターネット上への公開や販売をするのではなく、個人的に使う目的でコピーやトレース（複製）をしたのであれば、私的使用目的の範囲内ですので、著作権者の許諾を得なくても著作権侵害とはなりません。たとえば、漫画のキャラクターの絵の写真をとって、携帯電話の待受画面やパソコンの壁紙に設定する場合や、自分の部屋に飾っておく場合は、私的使用目的の範囲内といえます。

◉ フィギュア化した場合はどうか

漫画の絵として描かれていたキャラクターをフィギュア化した場合はどうでしょうか。このような行為は、著作権法上は「翻案」と言われています。

翻案とは、原著作物の基本的な構成を維持しつつ、表現に変更を加えて、新たな著作物を創作する行為のことです。キャラクターの絵をフィギュア化する他にも、小説などの原作を映画化することなどが翻案に該当します。複製との違いは、絵をそのままコピーやトレースをするのが「複製」であるのに対し、二次元で描かれたものを三次元化してフィギュア化することや、反対に三次元のフィギュアを二次元化して絵で表現することが「翻案」にあたります。

小説の映画化と同様に、漫画のキャラクターの絵をフィギュア化する場合も、著作権者の許諾が必要になります。これを著作権者に無断で行うことは翻案権の侵害にあたります。

ただし、翻案が私的使用目的の範囲内であれば、著作権侵害にはなりません。たとえば、漫画のキャラクターの絵をもとにフィギュアを作って、自分の部屋に飾る程度であれば、私的使用目的の範囲内ですから、著作権侵害とはなりません。

これに対し、漫画のキャラクターの絵をもとに制作したフィギュアを他人に販売する場合は、私的使用目的の範囲を超えますので、著作権者の許諾が必要です。著作権者の許諾を得ずにフィギュアを製作・販売することは、複製権や譲渡権の侵害になると考えられます。

◉ 宣伝用のチラシに用いた場合はどうか

漫画のキャラクターの絵を販売したり、漫画のコピーやトレースを販売したりする場合は、私的使用目的の範囲を超えますので、著作権者の許諾を得ずに販売すれば著作権（譲渡権など）侵害となります。

では、宣伝用のチラシに漫画のキャラクターの絵を用いた場合はどうでしょうか。宣伝用のチラシの場合、キャラクターの絵などを販売するわけではありません。しかし、宣伝用のチラシに利用するという行為は、利用者の商売上の宣伝効果を高めるためですから、このような利用方法は私的使用目的の範囲を明らかに超えています。

したがって、漫画のキャラクターの絵を用いてお店の宣伝用のチラシを作成した場合は、著作権（複製権）侵害となります。

◉ 著作権侵害にならないようにするには

漫画のキャラクター自体は著作物でないとされていますが、漫画は著作物として保護されますし、そのキャラクターの絵を利用することが著作権侵害となる場合があることは、前述したとおりです。

この点をふまえると、漫画のキャラクターを利用するに際し、著作権侵害とならないようにするには、個人的に使用する場合を除き、著作権者の許諾を得ることが一番確実な方法だといえます。

13

試験問題とその素材となる著作物を扱う場合の法律問題

素材として用いるのか試験問題そのものを複製するのかで取扱いは異なる

◉ 試験問題の素材として小説などを用いる場合は

一般的に「試験問題」という場合は、学校の入試問題や各種の資格検定試験の問題などを意味することが多いでしょう。このような試験問題の素材として小説や随筆などの著作物が用いられる場合、著作権法上はどのような扱いがなされるのでしょうか。これは試験問題の性質から考えてみるとわかりやすいでしょう。

試験問題は、実際に試験が行われる時までは、その素材に使われている著作物を一般に知られるわけにはいきません。したがって、事前に著作権者の許諾を得ることは難しいといえます。また、著作物が試験問題で用いられたとしても、著作物の売上げが落ちるなどの不利益が生じる可能性はあまりないといえます。

こうした点から、著作物を試験問題に用いる場合には、原則として著作権者の許諾は不要であるとされています。ただし、著作権者の許諾を得ずに、著作物を試験問題として用いるためには、以下の要件を満たすことが必要です。

① 利用する著作物がすでに公表されたものであること
② 営利目的の試験や検定に用いる場合には、著作権者に補償金を支払うこと
③ 試験や検定を行う上で必要な限度において用いること
④ 出所を明示しなければならないという慣行がある場合には、試験問題中に出所を明示すること

◉ 著作権者の利益を不当に害する場合は許諾が必要

インターネットを利用して行う試験において著作物を利用する場合も、著作権者の許諾を得ずに、その著作物を試験問題に用いることができます。ただし、その著作物の種類や用途、インターネットで配信する態様（公衆送信の態様）に照らし、著作権者の利益が不当に害されるような場合には、著作権者の許可を得なければ、その著作物を利用することはできません。

たとえば、推理小説の結末がわかる部分を試験問題として使用することは、「ネタばらし」であって、推理小説の売上げの妨げになるとして、著作権者の利益が不当に害される場合にあたると判断される可能性があります。

なお、小説や随筆などを題材にした大学の入試問題を予備校が冊子にして配布したり、ホームページに載せる場合は、試験問題の素材として利用しているわけでないため、その小説家や随筆家と入試問題を作成した大学の許諾を得なければなりません。

■ 試験問題に小説などを使う場合

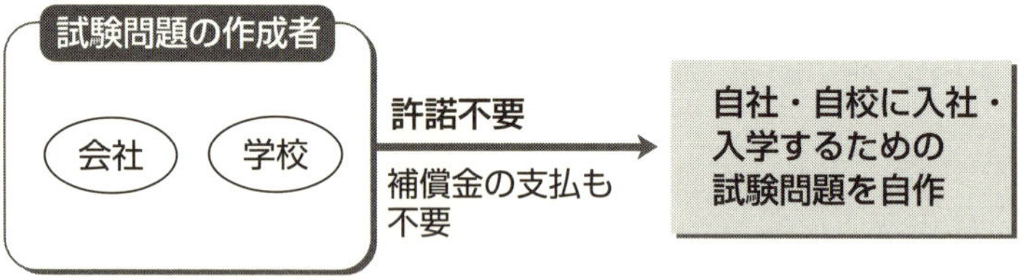

■ 学校の教師が他人の作成した著作物を使う場合

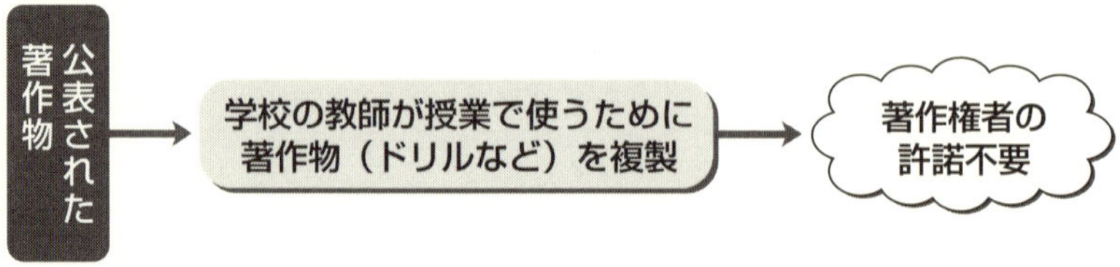

◉ 補償金が必要になることもある

検定や試験は学校だけが行うものではありません。会社が入社試験として筆記の試験を行うこともあります。会社が行うことは営利目的になるから、入社試験で小説や随筆などを用いる場合は、著作権者の許諾を得ない限り、著作権侵害となるとも思われます。

しかし、会社は入社試験の問題を営利目的で作成しているわけではありません。応募者の能力を見るために試験を実施しているにすぎません。したがって、会社が実施する入社試験の問題の素材として著作物が用いられた場合も、学校の入学試験と同様に、原則として著作権者の許諾は不要とされています。

ただし、会社が自社の入社試験の問題を作っていない場合は別です。試験問題を作る業者がいて、会社はその業者が作った試験問題を購入して試験を実施している場合、その業者は営利目的で試験問題を作成しています。この場合は、業者が著作権者に対して補償金を支払わなければなりません（215ページの要件②に該当します）。一方、試験問題を作ってもらった会社自体は、補償金を支払う必要はありません。

◉ 学校の場合

学校の教師が学期末試験などの試験問題を作成する際に、小説や随筆などの著作物を用いる場合、著作権者の許諾は不要です。補償金などを支払う必要もありません。また、学校の教師は、必要と認められる範囲内で、公表された計算問題や漢字問題などのドリルについて、著作権者の許諾を得ることなく複製できるとされています。

なお、ここでの「学校」には、予備校や学習塾といった営利目的の教育機関は含まれません。つまり、これらの教育機関の教師（講師）がテスト作成時に著作物を用いる場合や、ドリルを複製するような場合は、著作権者の許諾を得なければなりません。

14 他人のアイデアを使って作った原稿の法律問題

アイデア自体は著作権法上保護されるわけではない

◉ 他人のアイデアを利用した場合の問題点

著作権法の規定によると、正当な権限を有しない（著作権者の許諾を得ていない場合など）第三者が著作物を利用すれば、著作権侵害が成立します。

では、他人のアイデアを利用して原稿を作成した場合、そのアイデアを有していた他人は、原稿の作成者に対して著作権侵害を主張できるのでしょうか。また、他人のアイデアだけでなく、他人の考えた企画や独自の考えなどを利用した場合はどうでしょうか。

他人のアイデアや企画、独自の考えを利用して、自身の原稿を作成した場合に、著作権法上の問題が生じるかどうかを判断するには、アイデアや企画、独自の考えなどが、著作権法上の「著作物」として保護されるのかどうかを知る必要があります。

もし著作権法上の「著作物」として保護されるべきものとされる場合は、他人のアイデアや企画、独自の考えを利用して、自身の著作物を作成した場合は、著作権侵害の問題が生じることになります。

◉ アイデアは著作物ではないのか

著作権法上の「著作物」とは、思想や感情を創作的に表現したものとされています。したがって、思想や感情を有していても、それを表現したものでなければ、著作物にあたりません。また、思想や感情を表現しているとしても、その表現が創作的なものでなければ、これも著作物にあたりません。さらに、著作物には「文芸、学術、美術又は音楽の範囲に属するもの」という限定がなされているため、思想や感情を創作的に表現したものであっても、それが文芸・学術・美術・音楽の範囲外である場合は、著作物にあたらないことになります。

この点から、他人のアイデアや企画、独自の考えは、思想や感情にあたりますが、それを創作的に表現していない限り、著作物と言うことができません。したがって、他人のアイデア自体を本人に無断で利用したとしても、著作権法上の問題は生じないのです。

◉ アイデアと表現の区別は難しい

作家Aが書いた小説の登場人物の設定やストーリー展開の大筋を作家Bがそのまま使って小説を書いたとします。この場合、登場人物の設定やストーリー展開の大筋がアイデアに過ぎないと判断されると、作家Bの小説は著作権法上の問題がないことになります。

しかし、こうしたものが著作権法でいう「思想又は感情を創作的に表現したもの」となると著作物にあたるので、作家Bが許諾を得ずに使うと、作家Aの著作権を侵害したことになります。

結論としては、登場人物の設定やストーリー展開の大筋であれば、アイデアに過ぎないと判断される可能性が高いでしょう。しかし、登場人物の設定をどの程度まで細かいところまで使うか、ストーリー展開の大筋といってもどの程度なら大筋というのかなど、アイデアと著作権法で保護される表現との区別は難しいものです。

そのため、自分で「この程度ならアイデアだから大丈夫だ」と勝手に判断して、他人の著作物に含まれる「アイデア」を使用すると、その他人から著作権法で保護される「表現」を盗んだと主張されるおそれがあります。

このような紛争を起こさないためにも、他人の著作物のアイデアを利用する自覚がある場合には、その著作権者（作家など）の許諾を得ておくのが安全策といえるでしょう。

15 著作権侵害行為と法的責任について知っておこう

著作権を侵害すると民事・刑事の責任を負う

◉ 著作権侵害には直接侵害と擬制侵害がある

著作権法は著作物を対象とする著作権（および著作隣接権）を認め、それを法的に保護しています。権利が認められるということは、それに対する侵害が禁止され、侵害行為があった場合には、民事上・刑事上の責任が発生することを意味します。著作権法では、主に以下のような場合に、侵害行為に該当するとしています。

①　直接侵害

直接的な著作権などの侵害行為として、次のものを挙げています。なお、ⓒの「出版」には、文書や図画などの紙媒体の他、CD-ROMなどの記録媒体、電子書籍などのインターネット送信による形式も含まれます。

ⓐ　正当な理由なく、著作権者に無許諾で著作物を利用する行為（著作権侵害）

ⓑ　著作者に無許諾で著作物を公表する行為（著作者人格権侵害）

ⓒ　出版権者以外の者による無断出版行為（出版権侵害）

ⓓ　著作隣接権者に無許諾で実演などをする行為（著作隣接権侵害）

②　擬制侵害

直接侵害でなくても、以下の行為は侵害行為とみなされます。

ⓐ　国内で頒布する目的で、輸入時に国内で作成されていれば著作権侵害となる行為によって作成された物を輸入する行為

ⓑ　著作権侵害行為によって作成された物であるのを知りながら、その物を頒布し、あるいは頒布目的で所持する行為

ⓒ　プログラムの違法コピーをコンピュータで業務上使用する行為

ⓓ　権利管理情報に虚偽の情報を故意に（わざと）付加する行為、権利管理情報を故意に改変・除去する行為、あるいはこれらの行為が行われた著作物（その複製物を含む）であるのを知りながら、頒布、頒布目的での輸入、所持、公衆送信、送信可能化する行為

ⓔ　著作者の名誉や声望を傷つける方法によって、その著作物を利用する行為（著作者人格権侵害）

◉ 著作権侵害には民事上・刑事上の責任が待っている

著作権などの侵害行為が行われると、侵害行為者には民事上・刑事上の責任が発生します。民事上の責任としては、差止請求と損害賠償請求・不当利得返還請求が考えられます。

①　差止請求

侵害行為が行われると、著作権者などの権利者には、侵害行為に対する差止請求権が発生します。著作権は排他的・独占的に著作物を利用することができる権利だからです。

②　損害賠償請求・不当利得返還請求

海賊版を販売した場合のように、著作権者などに損害・損失が生じたときは、侵害行為者に対して損害賠償請求権・不当利得返還請求権が発生します。不当利得とは、法律的な裏づけがないのに利益を得た結果として、他人に損失を与えることをいいます。

もっとも、海賊版が出たことで著作権者などにどの程度の損害が発生したかは、証明が非常に困難です。そこで、正規品の販売数量の減少による損害額は、反証がない限り、海賊版の販売数量に正規品1個あたりの利益額を掛けた金額などとすることができます（次ページ）。これにより著作権者側の証明の負担が軽減されました。

③　刑事上の責任

著作権などの侵害行為者に対しては、故意がある場合に10年以下の懲役または1,000万円以下の罰金が科されます（併科もあり）。

16 著作権侵害にどのように対抗すればよいのか

損害賠償請求だけでなく謝罪広告掲載請求ができる場合もある

◉ 損害賠償請求できるのか

たとえば、自分が書いて自ら著作権を有する小説の海賊版が出回り、売上げが下がったとします。この場合、その海賊版を売って利益を上げた侵害者に対して、著作権者として損害賠償請求ができます。損害賠償を請求する場合、次の要件を満たさなければなりません。

① 著作権侵害行為があったこと（違法な行為があったこと）
② 実際に著作権者に損害が生じていること
③ 著作権者の損害と著作権侵害行為との間に因果関係があること

損害賠償請求をする金額（損害額）の算定方法については、著作権法で次のように定められています（損害額の推定）。

① 侵害者が販売した数量×著作権者が正規品１つから受ける利益額
② 侵害者が違法コピーを行って得た利益
③ 著作権者が通常受けるべき金額

①②の方法の場合、①②の額を損害額として推定します（損害額の推定）。③の方法の場合、その受けるべき金額を損害額とします。いずれの方法を用いるべきかという判断は、侵害された著作物や著作権者自身の状況にあった方法を選ぶことになります。

一方、著作権を侵害された場合、大量の海賊版が出回ったために利益が下がったというよりも、むしろ粗悪な改変をされたために、作品や作者のイメージが著しく低下した、あるいは名誉を著しく傷つけられた、という場合もあります。この場合、利益が下がったことに関して損害賠償請求をするよりも、傷つけられた名誉などを回復したいところです。著作者には著作者人格権がありますから、自らの名誉などを回復するため、侵害者に適切な措置を求めることが可能です。具体的には、侵害者に謝罪広告の掲載を求める場合が多いようです。

なお、謝罪広告の掲載などを求める場合は、民法上の不法行為を根拠としますので、侵害者による行為が故意または過失によってなされたことが必要です。

◉ 内容証明郵便を出す

著作権を侵害された場合、侵害者に対して損害賠償請求や謝罪広告掲載請求などをすることができます。その際、いきなり訴訟を起こすよりも、内容証明郵便を出して、相手の出方をうかがうのも一つの方法です。特殊な郵便物ですから、受け取った側は何らかの反応をしてきます。内容証明郵便は、誰が・いつ・どんな内容の郵便を・誰に送ったのか、という事実を郵便事業株式会社が証明する特殊な郵便です。配達証明付きにしておけば、郵便物を発信した事実からその内容、さらには相手に配達されたことも証明してもらえます。

内容証明郵便は、受取人が１人の場合でも、同じ内容の文面の手紙を最低３通用意する必要があります。同じ内容の文面を複数の相手方に送る場合には、「相手方の数＋２通」分用意します。用紙の指定はとくにありません。一度送ってしまったら、後で訂正はできないので、表現はできるだけ簡潔に、しかも明確に書くことが大事です。

内容証明郵便では１枚の用紙に書ける文字数の制限があります（次ページ図を参照)。枚数制限はありませんが、１枚ごとに料金が必要です。インターネット上の「電子内容証明サービス」で内容証明郵便を送る場合は、１枚あたりの文字数制限はありませんが、最大５枚の枚数制限があります。

字句を削除したり訂正する場合は、その部分に２本線を引きます。消した文字は塗りつぶさないようにしてください。訂正して正しく書き加える文字は、２本線を引いて消した文字のわき、縦書きなら右側、横書きなら上側に書き添えます。文字を挿入する場合には、挿入する箇所の、縦書きなら右側、横書きであれば上側に文字を書き、括弧で挿入位置を指定します。そして、字句を削除、訂正、挿入した場合には、これらをした行の上欄または下欄（横書きなら右欄または左欄）の余白、あるいは末尾の余白に、「○行目○字削除」「○行目○字訂正」というように記し、これに押印しなければなりません。

できた書面３通（受取人が複数ある場合には、その数に２通を加えた数）と、差出人・受取人の住所・氏名を書いた封筒を受取人の数だけ持って、郵便局（差出事業所）の窓口へ持参します。その際、訂正用の印鑑を持っていくとよいでしょう。

郵便局に提出するのは、内容証明の文書、それに記載された差出人・受取人と同一の住所・氏名が書かれた封筒です。窓口で、それぞれの書面に「たしかに何日に受けつけました」という内容の証明文と日付の明記されたスタンプが押されます。その後、文書を封筒に入れ、再び窓口に差し出すと、受領証と控え用の文書が交付されます。これは後々の証明になりますので、大切に保管しておいてください。

■ 内容証明郵便を書く際の注意事項

用紙	市販されているものもあるが、とくに指定はない B4判、A4判、B5判が使用されている
文字	日本語のみ。かな（ひらがな、カタカナ）、 漢字、数字（漢数字）、かっこ、句読点 外国語（英字）は不可（固有名詞に限り使用可）
文字数と行数	縦書きの場合　：20字以内×26行以内 横書きの場合①：20字以内×26行以内 横書きの場合②：26字以内×20行以内 横書きの場合③：13字以内×40行以内
料金	文書1枚（430円）＋ 郵送料（25gまでは82円）＋ 書留料（430円）＋ 配達証明料（差出時310円） ＝1,252円　文書が1枚増えるごとに260円加算

書式　著作権侵害についての内容証明郵便サンプル

　著作権侵害警告及び謝罪文掲載請求書

　貴殿が平成○○年○月○日発刊の月刊誌「○○○○」に掲載した小説「○○○」の○○から○○の部分は、当方が「○○○」ですでに発表済みの小説「○○」と同一の内容及び表現をとっており、当方の著作権を侵害するものであります。
　したがいまして、当方としては、今後、貴殿が小説「○○○」を公刊及び発表しないことと、次回発刊される月刊誌「○○○○」にて、本件著作権侵害の事実及び謝罪を掲載することを請求いたします。

　平成○○年○月○日
　　　東京都○○市○○町1丁目2番3号
　　　　　　　　　　　　　　　河竹次郎　印
　東京都○○区○○2丁目3番4号
　矢田一郎　殿

相談　著作権を侵害している掲示板の書き込みと管理者の責任

Case　インターネット上の掲示板に私の小説のクライマックスシーンが投稿されて困っているのですが、このような投稿を削除させるにはどうすればよいのでしょうか。

回答　インターネット上の掲示板の管理人は、そこに書き込まれた投稿を削除する場合には、投稿者の了解を得なければなりません。了解を得られない場合には、勝手に削除できないのが原則です。投稿者の了解を得ないまま勝手に削除すると、場合によっては投稿者から損害賠償を請求されるおそれもあります。

ただ、その投稿が著作権を侵害するものであった場合、権利を侵害された著作権者は、掲示板の管理者に対して、著作権を侵害している投稿を削除するよう請求することができます。この請求に従って、掲示板の管理者が著作権を侵害している投稿を削除した場合は、仮に削除された内容の投稿者から損害賠償を請求されても、掲示板の管理者はこれに応じる義務を負いません（損害賠償義務が免責されます）。これはプロバイダ責任制限法という法律が根拠となっています。

プロバイダ責任制限法によると、掲示板の管理者は、著作権者から著作権侵害の投稿を削除するように求められたのに対して、その投稿が著作権を侵害しているのを知りながら放置していた場合、著作権者が受けた損害を賠償する義務を負います。したがって、掲示板の管理者としては、こうした削除請求があったら、速やかに対応しなければならないことになります。

本ケースのように、小説のクライマックスシーンを掲示板に投稿された場合、その財産的な損害は大きいといえます。このように著作権を侵害された著作権者がとれる手段は、まずその投稿がなされている掲示板の管理者に著作権侵害の事実を指摘し、速やかに投稿を削除するよう求めることです。可能であれば、差止請求の仮処分を申し立て、速やかに著作権侵害を停止するよう求めます。著作権侵害を指摘してその停止を求めているにもかかわらず、問題の投稿がそのまま放置された結果、損害が生じた場合は、放置した掲示板の管理者に対して損害賠償を請求することも可能です。

相談　著作権侵害を証明するには

Case　他人のサイトに自分の描いたイラストとそっくりな作品を見かけたので、著作権侵害を主張したいのですが可能でしょうか。

回答　裁判でも頻繁に「作品をマネされた」「盗作である」といった主張がなされることは多いのですが、著作権侵害が認められるためには、著作権を侵害した側が侵害された側の著作物に依拠して（マネして）似ている作品を創作したことを、侵害された側（著作権侵害を主張する人）が証明しなければなりません。

しかし、相手が自分の著作物をマネして作ったかどうかを、通常はうかがい知ることができません。したがって、自分の描いたイラストにそっくりな作品を見かけたとしても、本当に自分の作品をマネして作られたという証拠を見つけない限り、著作権侵害を主張するのは難しいといえます。

また、お互いの作品をまったく知らずに似ている作品を作ってしまう、ということも実際にあり得ます。このような可能性もあるため、自分の描いたイラスト（またはコピーしたもの）を、相手が持っていることや、相手がブログやSNSに転載していることなどを証明しないと、実際には相手に著作権侵害を認めさせるのは難しいでしょう。

17 SNS、ブログなどで著作権侵害があった場合の対策

「削除申請」の仕方をおさえておく

◉ プロバイダを介したトラブル対応策

インターネットの普及に伴い、誰でも簡単に情報の入手と発信を行えるようになった反面、情報の流通による権利侵害の問題も増加傾向にあります。情報の流通による権利侵害の代表例には、著作権侵害の他に、商標権侵害、名誉毀損などがあります。

このような権利侵害を受けた場合は、プロバイダ責任制限法に定められたプロバイダに対する情報の削除依頼（送信防止措置依頼書の提出）を検討しましょう。プロバイダ責任制限法にいう「プロバイダ」とは、ISP（インターネット接続を提供する事業者）に限らず、サーバやWebサービス（SNS、掲示板、ブログなど）の管理者・運営者も含みます。

プロバイダ責任制限法に基づき、送信防止措置依頼書を送付する際には、法人登記事項証明書と法務局に登録された会社実印（代表者印）の印鑑証明書（個人の場合は、依頼者の本人確認資料と実印、印鑑証明書）、情報流通によって自己の権利が侵害されていることを証する資料などを添付する必要があります。また、送信防止措置依頼は、権利侵害に該当する情報流通元のプロバイダに対して行うため、まずはプロバイダの会社情報や利用規約などを確認します。多くのプロバイダは、会社情報や利用規約の欄に、削除依頼に関する依頼方法や連絡先（依頼窓口）の情報を記載しています。プロバイダごとに定められた手続きに従っていれば、プロバイダ各自の審査に基づいて、送信防止措置を講ずるか否かの判断がなされます。もっとも、どのような内容が削除の対象になるかはいずれのプロバイダも明確には明かして

いません。そのため、発信者情報開示請求が認められる基準が参考になるといえます。

◉ 発信者情報開示請求を検討する

インターネット上の情報の流通は匿名で行われ、発信者情報が不明なことが多くあります。削除依頼が認められても、別のプロバイダのWebサービスに権利侵害情報が掲載され続けるケースもあります。

そこで、インターネット上の権利侵害情報に対しては、直接その発信者に民事上の差止請求（削除請求）や損害賠償請求を行う他、刑事上の責任を問うため警察に告訴・告発を行うことも考えられます。プロバイダ責任制限法は、必要な場合に、発信者情報を被害者に開示する手続きを定めています。これを発信者情報開示請求といいます。

プロバイダ責任制限法に基づく発信者情報開示請求は、権利侵害が確認できるアドレス（URL)、権利侵害の事実とその内容、開示を受けるべき理由、求める情報の範囲などを記載して書面により行います(原則として電子メールやFAXでは行えません)。

◉ 発信者情報が開示される例

発信者がプロバイダの行う意見聴取に際し、自己の情報開示に同意するケースは考えにくく、通常はプロバイダ自身が発信者情報の開示の許否を判断します。

請求者の指定する著作物について、発信者がその全部または一部を複製または公衆送信していることが確認されれば、発信者情報が開示される可能性があります。たとえば、レコードを製作した上で、CDとして販売しているA社の楽曲が、複製ファイルとしてWinMX（ファイル共有ソフト）を介して不特定多数の者が受信できる状態に置かれていた事例で、発信者情報の開示が認められています（東京地裁平成17年6月24日)。

書式　送信防止措置依頼書（著作権侵害）

平成〇〇年〇〇月〇〇日

【株式会社〇〇〇〇】　御中

氏　名　**樋口　美千代**　㊞

著作物等の送信を防止する措置の申出について

私は、貴社が管理するURL：【 http://〇〇〇〇.blog.book.jp/（文学背くらべにっき）】に掲載されている下記の情報の流通は、下記のとおり、申出者が有する【著作権法第23条に規定する公衆送信権】を侵害しているため、「プロバイダ責任法著作権関係ガイドライン」に基づき、下記のとおり、貴社に対して当該著作物等の送信を防止する措置を講じることを求めます。

記

1.申出者の住所	【〒 〇〇〇－〇〇〇〇 東京都文京区〇〇１－１－１　】	
2.申出者の氏名	【　樋口　美千代　】	
3.申出者の連絡先	電話番号	【０３－〇〇〇〇－〇〇〇〇】
	e-mail ｱﾄﾞﾚｽ	【ichi@〇〇〇.com】
4.侵害情報の特定のための情報	URL	【 http://〇〇〇〇.blog.book.jp/ 】
	ﾌｧｲﾙ名	【　〇〇〇〇.log　】
	その他の特徴	【　〇〇〇〇年〇月〇日～〇月〇日更新分　】
5.著作物等の説明	侵害情報により侵害された著作物は、私が創作した著作物「ウェブログ記事」を転載したものです。参考として当該著作物の写しを添付します。	
6.侵害されたとする権利	著作権法23条の公衆送信権（送信可能化権を含む。）	
7.著作権等が侵害されたとする理由	私は、著作物「今日の美千代にっき」に係る著作権法第23条に規定する公衆送信権（送信可能化権を含む。）を有しています。本ウェブログ記事は〇〇〇〇年まで私が創作していたものであり、本著作物を公衆送信（送信可能化を含む。）することを許諾する権限をいかなる者にも譲渡又は委託しておりません。	
8.著作権等侵害の態様	1　ガイドラインの対象とする権利侵害の態様の場合 侵害情報は、以下の■の態様に該当します。 □a)　情報の発信者が著作権等侵害であることを自認しているもの ■b)　著作物等の全部又は一部を丸写ししたﾌｧｲﾙ(a)以外のものであって、著作物等と侵害情報とを比較することが容易にできるもの) □c)　b)を現在の標準的な圧縮方式(可逆的なもの)により圧縮したもの 2　ガイドラインの対象とする権利侵害の態様以外のものの場合 (権利侵害の態様を適切・詳細に記載する。)	
9.権利侵害を確認可能な方法	〇〇の方法により権利侵害があったことを確認することが可能です。	

上記内容のうち、５・６・７・８の項目については証拠書類を添付いたします。
また、上記内容が、事実に相違ないことを証します。

以　上

書式　発信者情報開示請求書（企業の著作権が侵害された場合）

平成○○年○○月○○日

【株式会社○○○○】御中

［権利を侵害されたと主張する者］（注１）
住所　神奈川県○○市○○町○丁目○番○号
　　　株式会社　××××
氏名　代表取締役社長　××××　㊞
連絡先　046－○○○－○○○○

発信者情報開示請求書

［貴社・~~貴殿~~］が管理する特定電気通信設備に掲載された下記の情報の流通により、私の権利が侵害されたので、特定電気通信役務提供者の損害賠償責任の制限及び発信者情報の開示に関する法律（プロバイダ責任制限法。以下「法」といいます。）第４条第１項に基づき、[貴社・~~貴殿~~]が保有する、下記記載の、侵害情報の発信者の特定に資する情報（以下、「発信者情報」といいます）を開示下さるよう、請求します。

なお、万一、本請求書の記載事項（添付・追加資料を含む。）に虚偽の事実が含まれており、その結果貴社が発信者情報を開示された契約者等から苦情又は損害賠償請求等を受けた場合には、私が責任をもって対処いたします。

記

［貴社・~~貴殿~~］が管理する特定電気通信設備等		（注２） http://○○○○.co.jp/××××.html
掲載された情報		当社の著作物である素材集「ビジネスクレイアート集Vol.2」ファイル番号「0012,0035,0076,0081」合計4点（添付別紙参照）
侵害情報等	侵害された権利	著作権（複製権、送信可能化権）
	権利が明らかに侵害されたとする理由（注３）	http://○○○○.co.jp/××××.htmlに掲載されている画像は、当社の著作物である素材集「ビジネスクレイアート集Vol.2」の４点から無断使用しており、これは当社サイトのサムネイル画像（見本）からダウンロードして利用していることが画像の解像度と「コピー不可」の文字を消した跡から明らかです。 よって、貴社が管理するWebサイトにおいて、当社の著作物が送信可能な状態にあることは、発信者が当社の製品を正当に購入しかつ、ライセンス許諾を一切受けずになされているものであり、著しい著作権侵害であります。
	発信者情報の開示を受けるべき正当理由（複数選択　可）（注４）	①．損害賠償請求権の行使のために必要であるため ②．謝罪広告等の名誉回復措置の要請のために必要であるため ③．差止請求権の行使のために必要であるため ④．発信者に対する削除要求のために必要であるため ５．その他（具体的にご記入ください）

	開示を請求する発信者情報（複数選択可）	①. 発信者の氏名又は名称 ②. 発信者の住所 ③. 発信者の電子メールアドレス ④. 発信者が侵害情報を流通させた際の、当該発信者の IP アドレス（注５） ５．侵害情報に係る携帯電話端末等からのインターネット接続サービス利用者識別符号（注５） ６．侵害情報に係るＳＩＭカード識別番号のうち、携帯電話端末等からのインターネット接続サービスにより送信されたもの（注５） ⑦. ４ないし6から侵害情報が送信された年月日及び時刻
	証拠（注６）	添付別紙参照
	発信者に示したくない私の情報（複数選択可）（注７）	１．氏名（個人の場合に限る） ２．「権利が明らかに侵害されたとする理由」欄記載事項 ３．添付した証拠

（注１）原則として、個人の場合は運転免許証、パスポート等本人を確認できる公的書類の写しを、法人の場合は資格証明書を添付してください。

（注２）ＵＲＬを明示してください。ただし、経由プロバイダ等に対する請求においては、アドレス等、発信者の特定に資する情報を明示してください。

（注３）著作権、商標権等の知的財産権が侵害されたと主張される方は、当該権利の正当な権利者であることを証明する資料を添付してください。

（注４）法第４条第３項により、発信者情報の開示を受けた者が、当該発信者情報をみだりに用いて、不当に当該発信者の名誉又は生活の平穏を害する行為は禁じられています。

（注５）IPアドレス、携帯電話端末等からのインターネット接続サービス利用者識別符号及びＳＩＭカード識別番号のうち、携帯電話端末等からのインターネット接続サービスにより送信されたものについては、特定できない場合がありますので、あらかじめご承知おきください。

（注６）証拠については、プロバイダ等において使用するもの及び発信者への意見照会用の２部を添付してください。証拠の中で発信者に示したくない証拠がある場合（注７参照）には、発信者に対して示してもよい証拠一式を意見照会用として添付してください。

（注７）請求者の氏名（法人の場合はその名称）、「管理する特定電気通信設備」、「掲載された情報」、「侵害された権利」、「権利が明らかに侵害されたとする理由」、「開示を受けるべき正当理由」、「開示を請求する発信者情報」の各欄記載事項及び添付した証拠については、発信者に示した上で意見照会を行うことを原則としますが、請求者が個人の場合の氏名、「権利侵害が明らかに侵害されたとする理由」及び証拠について、発信者に示してほしくないものがある場合にはこれを示さずに意見照会を行いますので、その旨明示してください。なお、連絡先については原則として発信者に示すことはありません。
ただし、請求者の氏名に関しては、発信者に示さなくとも発信者により推知されることがあります。

以上

［特定電気通信役務提供者の使用欄］

開示請求受付日	発信者への意見照会日	発信者の意見	回答日
（日付）	（日付） 照会できなかった場合はその理由：	有（日付） 無	開示（日付） 非開示（日付）

18 トラブル解決の手段について知っておこう

当事者で解決できない場合には第三者に仲介を依頼する

◉ どんな場合にトラブルになり、どんな手段が考えられるのか

著作権をめぐるトラブルとして、もっとも典型的な例として挙げられるのは、自分が著作権を持っている著作物について、許可なく他人が著作物を利用した場合です。たとえば、著作権者が制作した書籍について、他人が無断でコピーして販売していた場合には、著作権者の複製権や譲渡権を侵害しているといえます。

著作権をめぐるトラブルも、最初は当事者間の話合いによる解決をめざします。つまり、著作権者は、侵害者に対して、①自分の著作権を侵害していること、②著作権の侵害を止めるよう求めること、③（場合によっては）損害賠償請求や名誉回復等請求に応じるよう求めることなどについて、内容証明郵便などで通知します。これに対して、侵害者が著作権の侵害を認めて謝罪し、場合によっては損害賠償金の支払いや謝罪広告の掲載など（著作権者の名誉回復等のための措置）をすることによって、トラブルを解決することが可能です。

しかし、侵害者が著作権侵害を否定する場合が考えられます。この場合には、著作権者は、著作権法の規定などに基づいて、侵害者の行為が自身の著作権を侵害している事実を主張・立証しなければなりません。また、仮に侵害者が著作権の侵害を認めている場合であっても、当事者間でトラブルを解決することが困難な場合もあります。たとえば、著作権侵害に基づく損害賠償請求や名誉回復等請求に応じない場合は、トラブルが長期化するおそれがあります。この場合にも、侵害者の行為が民法上の不法行為などを基礎づけることについて、著作権者が主張・立証する必要があります。

このように、著作権侵害をめぐるトラブルが法的紛争に発展すると、最終的には訴訟による解決が必要になる場合もありますので、著作権者は弁護士などの専門家に意見を求める必要があります。

◉ 第三者が介入する手続

著作権をめぐるトラブルが訴訟に至る前に、第三者の介入によって解決に向かう場合があります。第三者が介入する手続には民事調停が考えられますが、著作権に関するトラブルについては、文化庁が特別に「紛争解決あっせん制度」を用意しています。

紛争解決あっせん制度においては、当事者が紛争解決のあっせんを求めた場合に、著作権関係の有識者から構成されるあっせん委員（3名以内）が、当事者双方の主張を聴いて解決案を提示します。当事者が解決案に従うとトラブルが解決されますが、解決案に従うか否かは当事者の任意であり、解決案に従わない場合や、途中であっせんが打ち切られる場合もあり、このときはうまく機能しません。

また、日本弁護士連合会と日本弁理士会が運営する日本知的財産仲裁センターに対して仲介を求めることも可能です。日本知的財産仲裁センターは、裁判外紛争処理解決（ADR）を担う機関の一種として、相談、調停、仲裁というトラブル解決手段を備えています。

■ トラブル解決の手段

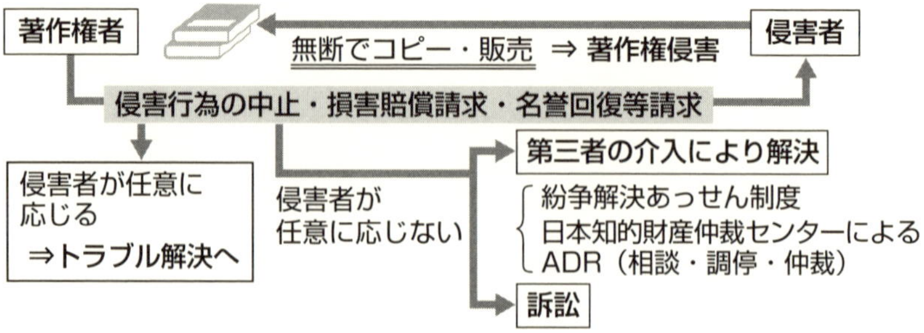

第８章

著作権の登録と管理

1 著作権の集中管理について知っておこう

集中管理が可能になった

◉ なぜ著作権管理団体が必要なのか

著作物を利用する場合は、原則として著作権者などの権利者から許諾を得なければなりません。しかし、著作権は、特許権や商標権などとは異なり、国の機関に登録しなければ発生しない権利ではないので(無方式主義)、権利者を探すことは困難です。一方、権利者側としても、多数の利用申込者と個別に交渉しているのでは大変です。

そこで、著作権などについて、一括して管理するシステムが必要になるわけです。

◉ 旧仲介業務法には大きな問題があった

このような観点から、以前は「仲介業務法」という法律に基づいて著作権管理団体が設立され、その団体によって著作権の集中管理が行われていました。著作権者は著作権管理団体に著作権を信託し、これを受けて、著作権管理団体は利用者に許諾を与えて使用料を徴収していたのです。

しかし、旧仲介業務法のシステムに関しては、以下のような問題点がありました。

つまり、管理の対象となる著作物が楽曲・歌詞・脚本・小説の４分野に限られていたので、時代の変遷とともに、新しい著作物の取扱いに対応できなくなりました。さらに、著作権管理団体の設立は許可制が採られていたため、事実上新規参入ができず、独占市場となっていました。そのため、団体間の競争が行われず、硬直的な運営が行われ、著作権者と利用者双方から不満が出ていたのです。

◉ 著作権等管理事業法で市場が一変した

旧仲介業務法の不備を克服するために、2001年に新しく「著作権等管理事業法」が施行されました。著作権等管理事業法では、管理の対象を著作権や著作隣接権の及ぶすべてのもの（著作物全般、実演、レコード、放送、有線放送）に拡大したので、新しい著作物や著作隣接権の集中管理も可能となりました。

また、管理団体の設立を許可制から登録制に変えたことで、新規参入が比較的容易に可能となり、競争原理が働くことになりました。

そして、管理の委託の形態も、以前のように包括的な取扱いだけでなく、個別の支分権（複製権、上演権など著作権や著作隣接権に含まれる具体的な権利のこと）の委託もできるようになったので、競争原理に基づいた多様な管理委託もできるようになりました。

■ 著作権等管理団体の変遷

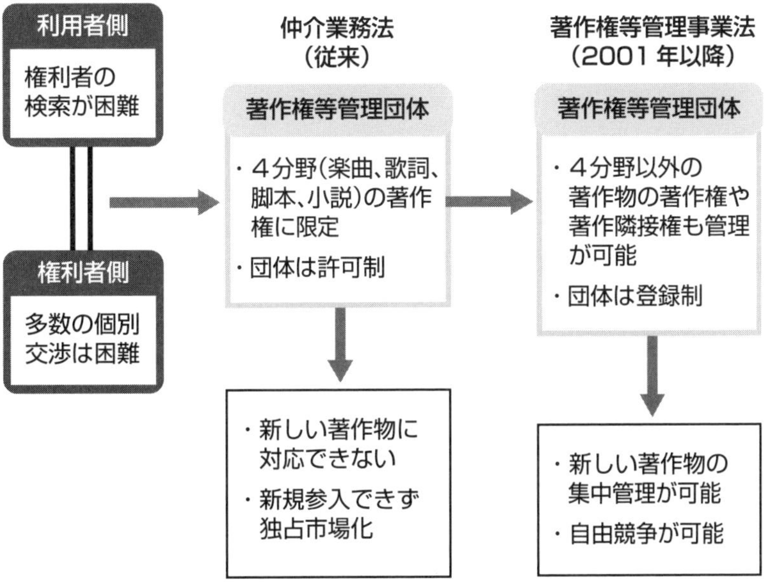

2 著作権登録制度について知っておこう

著作権は登録をしておくと裁判時に有利になる

◉ 著作権にも登録制度がある

著作権は、何の手続も経ずに権利が発生するため（無方式主義）、トラブル発生時の解決が困難となることが多いとされています。こうした争いを避けるため、著作権にも登録制度があります。

著作権が発生するためには、著作物を創作するだけでよく、届出や登録などは必要ありません。この点は、特許庁への登録によって権利が発生する特許権や商標権などの制度と大きく異なります。しかし、このことが著作権者の特定を難しくしている原因になっています。たとえば、「著作物の利用許諾を得たいと思っても、誰が著作権者であるかがわからない」といったように、著作物の創作に複数の人が携わった場合などに、著作権をめぐって争いとなることがあるのです。

こうした問題を解消するため、著作権法では、一定の条件を満たす著作権について、これを文化庁に登録することができる制度を設けています。これを**著作権登録制度**といいます。

◉ 登録できる種類とメリットについて

著作権の登録は、プログラムの著作物は（一財）ソフトウェア情報センターに対し、それ以外の著作物は文化庁に対し、それぞれ申請書を提出して行います。詳しくは、文化庁ホームページの「著作権登録制度」のページを参照してください。

著作権登録をしておくと、裁判になった場合に役立ちます。たとえば、著作物の第１発行年月日や第１公表年月日を登録することで、登録した年月日が実際の発行日・公表日であると推定されます。また、創作されてから6か月以内のプログラムの創作年月日を登録すると、その年月日が創作日であると推定されるようになり、裁判時に非常に有利となります。

この他、著作権を譲渡（移転）するとか、著作権に質権を設定するような場合も、著作権の登録が有利に働きます。こうした著作権の処分に関して登録を行うと、第三者に対しても著作権の処分があったことを主張できるため、裁判時に有利となります。

また、無名あるいはペンネームなどの変名で創作した著作物について、著作者の本名を登録することで、登録された実名が著作者であることが推定されます。その結果、著作権の存続期間（保護期間）が著作者の死後50年（TPP11発効後は死後70年）までに延長されます。

■ 著作権登録制度のメリット

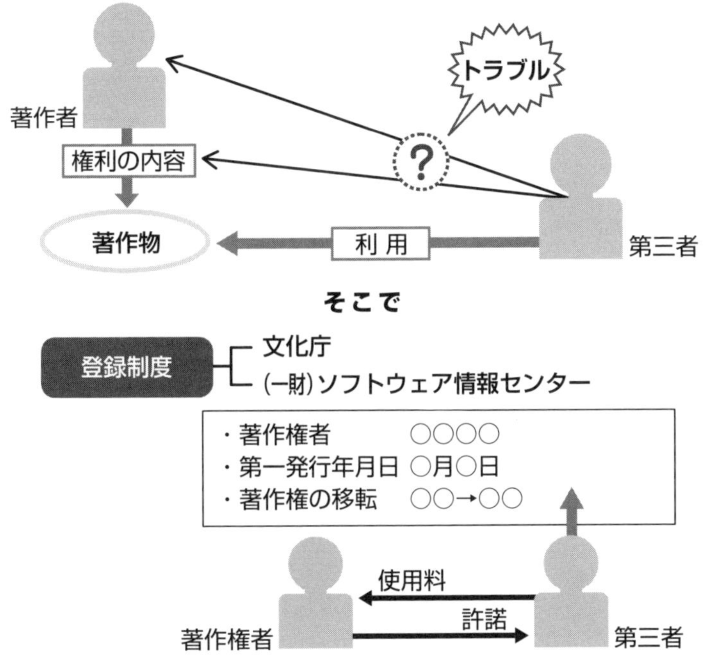

3 著作権を保護するための団体について知っておこう

煩雑な手続きを引き受けて著作権などの保護に貢献している

◉ 何をしているところなのか

漫画や小説の中で登場人物が歌を歌う場面がある作品や、他の人の曲を別の歌手が歌うカバーソングのCDジャケットなどに、「JASRACxxxxx」などの表示を見ることがあります。JASRACとは日本音楽著作権協会のことで、xxxxxの部分には許諾番号が記載されています。

通常、著作物の複製をつくったり、公的な場で演奏したりする場合、著作権者の許諾を得た上で、使用料を支払うなどの手続きをしなければなりません。しかし、利用者が個人で著作権者に直接連絡を取るのは現実的には難しいことですし、企業や団体が事業として使用する場合、膨大な数の著作権者に連絡を取って許諾を得るなどの事務が発生することになります。さらに、著作権者側にしても、それぞれの利用者と使用料や使用方法に関する契約を交わそうと思うと、大変な時間と手間がかかります。

そこで、著作権者の管理団体が結成され、登録された著作物に関して利用許可や使用料の徴収、分配といった管理事務が行われています。代表的な著作権者の団体が、楽曲（音楽）を管理する日本音楽著作権協会（JASRAC）です。上記の「JASRACxxxxx」という記載は、JASRACに対しその楽曲の使用許諾を申請し、使用料を支払って許諾番号を得たことを示しているわけです。この他の著作権者の管理団体として、小説や脚本などを管理する日本文藝家協会、美術・写真・グラフィックアートを管理する日本美術著作権機構（APG-Japan）などがあります。

◉ その他、実演家の権利を守る団体もある

著作権法では、著作権者が有する著作権（著作財産権）や、著作者が有する著作者人格権について定めるとともに、楽曲の演奏家や脚本を演ずる俳優などの実演家が著作隣接権を有することを定めています。

著作隣接権についても、著作権と同様、実演家などの管理団体があります。具体的には、実演家著作隣接権センター（CPRA）などがこれにあたります。

■ 管理団体の役割

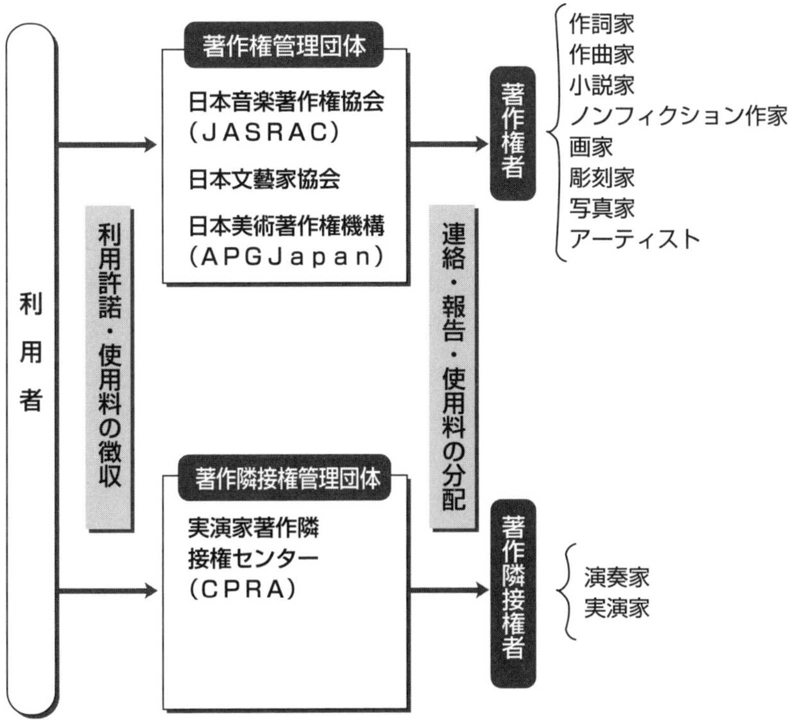

相談　楽曲の著作権

Case　着メロのダウンロードサイトを作る予定ですが、著作権侵害とならないようにするにはどうすればよいのでしょうか。

回答　着メロの音楽を自分で創作する場合は、著作権侵害にはなりません。むしろ、自分が創作した音楽について、著作権（著作者人格権や著作財産権）を有することになりますから、他人から著作権を侵害されないように注意した方がよいでしょう。

一方、すでに世の中に公表されている楽曲を着メロに利用する場合には、その楽曲の著作権者の許諾を得る必要があります。

もっとも、日本国内で流れているほとんどの楽曲の著作権については、日本音楽著作権協会（JASRAC）が著作権者から管理の委託を受けています。したがって、著作権侵害とならないようにするには、着メロのダウンロードサイトを作る前に、JASRACに対して音楽著作物利用許諾書を提出し、所定の使用料を支払う必要があります。JASRACのサイトにはさまざまな楽曲に関する権利について記載されていますが、着メロの配信を行う場合は、JASRACの区分における「商用配信」に該当しますから、商用配信用の手続を行うようにしましょう。

なお、JASRACが管理していない楽曲を利用する場合は、別の管理団体（その楽曲の著作権管理を委託されている団体）の許諾を得るか、その楽曲の著作権者の許諾を直接得る必要があります。

相談　著作権の管理委託

Case　楽曲を利用するために作曲家の許諾を得ようとしたところ、その人には許諾する権限がないと言われたのですが、こんなことはあり得るのでしょうか。

回答 楽曲を作った人（作曲家）は、その楽曲に関する著作権（著作者人格権や著作財産権）を有するのが原則です。しかし、作った楽曲を世間に知ってもらうには個人の力では限界があるため、たいていの場合は音楽出版社（レコード会社）との間で楽曲を販売してもらう契約を結びます。その際、作曲家は、楽曲について有する著作権（著作財産権）を音楽出版社に譲渡することが多いようです。

その結果、楽曲を利用したい人が作曲家の許諾を得ようとしても、「その作曲家に許諾する権限がないためできない」と言われてしまうことが起こり得るのです。この場合は、楽曲について著作権（著作財産権）を有する音楽出版社から許諾を得る必要があります。

もっとも、著名な作曲者になればなるほど、楽曲の利用希望者も増えて著作権の管理が大変になります。手続に忙殺されて新たな著作物を創出できなくなるのは本末転倒です。そこで、著作権を管理する著作権管理団体（JASRACなど）に、自身の著作物の管理を委託することが行われています。音楽出版社も同様で、著作者から譲り受けた著作権の管理を著作権管理団体に委託することが多いといえます。このように、著作権管理団体に管理が委託された楽曲は、その著作権管理団体から利用許諾を得ることが必要です。

なお、著作者人格権は譲渡できないため、楽曲の著作権（著作財産権）の譲渡契約や管理委託契約をしても、著作者人格権は作曲家の元にあります。したがって、著作者人格権に触れるような利用をする際は、作曲家の許諾も得なければならない点に注意が必要です。

4 文化庁には著作権保護のための制度がある

著作権保護のために契約書作成支援などを行っている

◉ 文化庁の著作権契約書作成支援システムとは

著作権を管轄する文化庁では、著作権保護を目的として著作権に関する解説資料を公開したり、学校教育用の教材を用意するなど、さまざまな制度を設けています。

著作権契約書作成支援システムもそのひとつです。著作権者と著作物の利用者の間で締結する契約書の作成を支援するためのもので、文化庁ホームページ（http://www.bunka.go.jp/）の中に、メニューが設けられています。誰が、どのような利用目的で、どの著作物を、どの程度の範囲で利用するのか、氏名表示をするか、報酬はいくらか、当事者は誰かといった項目を入力すると、著作権利用に関する一般的な条文が盛り込まれた契約書の書式が作成されるというしくみになっています。実際に使用する際には、書式をコピーしてwordファイルなどに写し、必要に応じて部分的に書きかえることなどができます。

デジタル機器やインターネットの普及により、他人の著作物を利用する機会も多くなっています。中には著作権法の規定を知らないまま、著作権者の権利を侵害する行為をする人もいることから、契約書作成の重要性が増しています。このような状況に対応するための手段の一つとして、著作権契約書作成支援システムが公開されているのです。

◉ 自由利用マークというものもある

文化庁では、著作権者の意思を受けて著作権の保護をフリーにすることを示すマークも用意しています。これが「自由利用マーク」です。著作権者が自身の著作物について、広く公表し利用されることを希望している場合に、著作権の存在が、その希望の妨げにならないように、著作物の一般的な利用を促す制度といえます。なお、自由利用を認める期間を一定期間に限定することは可能ですが、自由利用マークの撤回は難しいため、著作権者は注意が必要です。

自由利用マークには、①コピーＯＫ、②障害者による非営利目的利用ＯＫ、③学校教育ＯＫの３種類があり、著作権者が自身の管理する著作物につけることにより、利用者は対象・目的の範囲内で、複製や無料配布といった利用を自由に行うことができるようになります。

◉ クリエイティブ・コモンズ・ライセンスという考え方

上記の「自由利用マーク」の利用はあまり普及していません。国際的非営利組織によるプロジェクトである「クリエイティブ・コモンズ・ライセンス」と呼ばれる国際的な表示ツールが、日本ばかりではなく世界の多くの地域で用いられており、文化庁が独自に配布する表示ツールを使用する意義が大きくないためです。

クリエイティブ・コモンズ・ライセンス（CCライセンス）とは、著作権者が「この条件を守ってくれるのであれば私の著作物を自由に利用して構いません」という、意思表示を示すために用いるマークのことです。著作物はインターネットを通じて国内外のさまざまな場面で広く使用することが考えらることから、個別に遠く離れた外国の著作権者の許諾を得なくても著作物を利用可能とするために、統一的な著作権の使用ルールを先導するツールとしてCCライセンスは機能しています。CCライセンスを用いることで、著作物の利用者は、著作権者の許諾を得ることなく、著作物を使用・配布することの他、一定の範囲で改変などを行うことができます。一方、著作権者は著作権を失いません。

◉ クリエイティブ・コモンズ・ライセンスには種類がある

CCライセンスは、著作物の保護の態様に応じて、いくつかの種類がありますが、その前提として、著作権者の権利態様に関する両極端の概念を押さえておく必要があります。

まず、著作権者は保護期間の満了まで、著作物に対するすべての著作権を保護された状態が挙げられます。これは「All rights reserved」(©) と表記され、著作権者が著作物に関するすべての権利を主張することが認められた状態をいいます。

これに対して、著作権の保護期間が満了した状態、または著作権者が著作物に関する権利を放棄した状態を「パブリックドメイン」(㏗)といいます。このマークがある著作物は、著作権者であっても著作物に関する著作権などを主張することができません。

■ 著作権契約書作成支援システムと自由利用マーク ………………

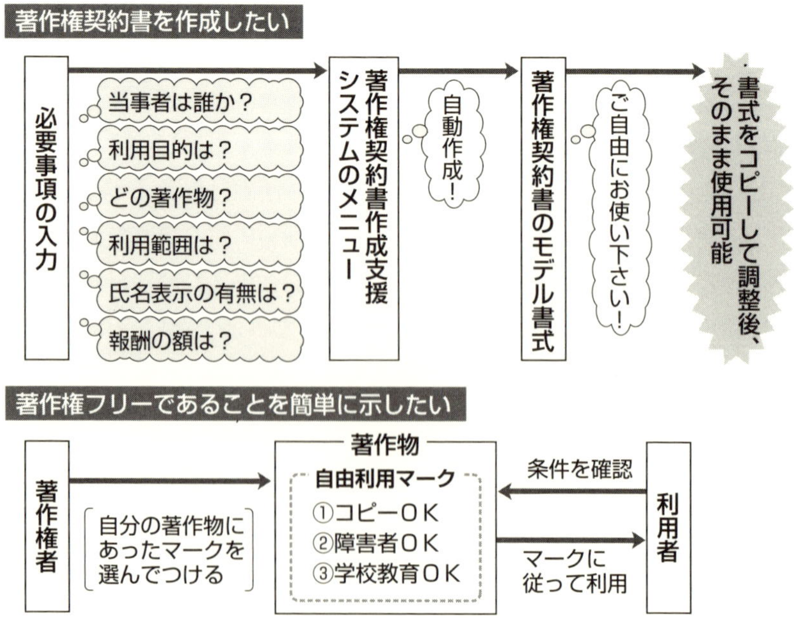

CCライセンスは、Ⓒと㏘の中間に位置づけられます。つまり、著作権者が持つような完全な権利ではないものの、著作物に対する限定された権利を主張するライセンスを取得できるということです。CCライセンスの種類には、利用者に認められた著作物の利用条件に応じて、以下の４種類があります。

①　表示（BY）

表示とは、著作物に関する著作者の氏名や著作物の作品名など、著作物に関する情報（クレジット）を表示することを、著作物の利用条件とすることをいいます。

②　非営利（NC）

非営利とは、非営利が著作物の利用条件で、利用者が営利目的で著作物を利用することができないことを表しています。

③　改変禁止（ND）

改変禁止とは、改変しないことが著作物の利用条件で、利用者が元の著作物の改変を行うことができないことを表しています。

④　継承（SA）

継承とは、利用者に著作物の改変が認められている場合に、改変した作品に対して、元の著作物と同一の組合せのCCライセンスを付けなければならないことを表しています。

以上の４種類のマークを組み合わせることで、利用者には、以下のⓐからⓕとして記載した６種類のライセンスのいずれかが認められます。つまり、ⓐ表示（BY）、ⓑ表示（BY）－継承（SA）、ⓒ表示（BY）－改変禁止（ND）、ⓓ表示（BY）－非営利（NC）、ⓔ表示（BY）－非営利（NC）－継承（SA）、ⓕ表示（BY）－非営利（NC）－改変禁止（ND）の６種類です。たとえば、ⓑ表示（BY）－継承（SA）のライセンスが認められた利用者は、著作物のクレジットを表示して、元の著作物に改変を加えない限り、営利目的であっても著作物の複製や配布が認められるということです。

【監修者紹介】
森　公任（もり　こうにん）
昭和26年新潟県出身。中央大学法学部卒業。1980年弁護士登録（東京弁護士会）。1982年森法律事務所設立。おもな著作（監修書）に、『図解で早わかり　倒産法のしくみ』『不動産契約基本法律用語辞典』『民事訴訟・執行・保全　基本法律用語辞典』『契約実務　基本法律用語辞典』『中小企業のための会社法務の法律知識と実務ポイント』など（小社刊）がある。

森元　みのり（もりもと　みのり）
弁護士。2003年東京大学法学部卒業。2006年弁護士登録（東京弁護士会）。同年森法律事務所 入所。おもな著作（監修書）に、『図解で早わかり　倒産法のしくみ』『不動産契約基本法律用語辞典』『民事訴訟・執行・保全　基本法律用語辞典』『契約実務　基本法律用語辞典』『中小企業のための会社法務の法律知識と実務ポイント』など（小社刊）がある。

森法律事務所
弁護士16人体制。家事事件、不動産事件等が中心業務。
〒104-0033　東京都中央区新川２－15－３　森第二ビル
電話03-3553-5916
http：//www.mori-law-office.com

すぐに役立つ
改正対応
著作権・コンテンツビジネスの法律と
トラブル解決マニュアル

2018年10月30日　第１刷発行

監修者　森公任《もりこうにん》　森元《もりもと》みのり
発行者　前田俊秀
発行所　株式会社三修社
〒150-0001　東京都渋谷区神宮前2-2-22
TEL　03-3405-4511　FAX　03-3405-4522
振替　00190-9-72758
http://www.sanshusha.co.jp
編集担当　北村英治
印刷所　萩原印刷株式会社
製本所　牧製本印刷株式会社

ISBN978-4-384-04798-1 C2032